Brief Counseling That Works

对话的力量

焦点解决取向在青少年辅导中的应用

[美] 杰拉尔德·B. 斯克拉尔（Gerald B. Sklare） 著　许维素 译

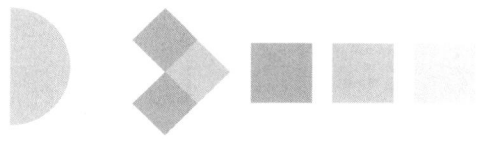

A Solution-Focused Therapy Approach
for School Counselors and Other Mental
Health Professionals

作者序

本书对于如何把焦点解决短期治疗（Solution-Focused Brief Counseling，简称SFBC）应用于青少年工作，提供了具体的步骤说明。学校咨询师会快速地与书中呈现的典型咨询议题产生联结。由于SFBC的每个要素或步骤都能独立应用在各种情境和学校中，相信教师们通过阅读本书也会从中获益。其他与青少年工作的专业人士，如心理学家、社会工作者、婚姻与家庭咨询师、教牧咨询师、获取执业资格的专业心理咨询师以及药物成瘾咨询师等，也能在书中看到与其专业相关的工作方法和个案研讨。

SFBC相当适合学校和心理健康领域使用。由于个案众多，学校咨询师及其他心理健康实务工作者具有的时间，往往不足以为学生提供长期性的传统模式的心理咨询。较之以往，今日的心理健康专业人员更需要一个短期、有效、适用于多元议题的咨询取向。

本书追求精炼简明。关于相关的理论与研究仅扼要讨论，因为实务应用才是本书的要旨。我希望可以引导读者在阅读本书时，一次学习一个步骤，包含前四章结尾及附录A、附录B的实务练习活动皆是如此。我也努力在书中呈现SFBC应用于儿童与青少年工作的必要的理论知识。

一、内容概述

本书奠基于 SFBC 的创始人史蒂夫·德·沙泽尔（Steve de Shazer）（1985）的贡献。德·沙泽尔发现，当把焦点放在解决之道上而非问题本身上时，当事人会比接受传统咨询模式者好转得更快。这一模式蕴含着一个信念：当事人不会总是被其问题所击败。事实上，解决之道是存在的，即使它们或许还没有被确认。通过重新发现自己的资源，当事人将会被鼓励去重复过去的成功经验。这听起来很简单，但整个过程所展现出的力量与赋能的动力，让当事人能够快速解决那些令他们前来咨询的难题。

本书第一章呈现了 SFBC 的背景、研究、基本原理与原则，同时也凸显出 SFBC 技巧在与不同文化背景的当事人工作时能行之有效的理由。第一章最后的练习活动，带领你亲自体验"解决导向"问句和"问题导向"问句的不同效果。

第二章示范了如何向当事人说明 SFBC，以及如何催化这一模式中初始目标设定的阶段性任务。一步步的程序能让你准备好帮助当事人确认他们为了达成目标所需要采取的行动。在"奇迹问句"部分，你将学习到如何帮助当事人描绘出"如果问题消失了，他们的生活看起来会是什么样子"的心理图像，来协助他们探索目标。本章最后的活动，是关于目标设定的练习，以及提供一个机会，让你亲自体验奇迹问句如何能帮助你处理一个你想要克服的问题。

第三章描述了你可以如何帮助当事人确认出之前未被辨认的成功事例和困境的例外。你将学习到"振奋性引导"——如何对当事人用以改善处境的细小成功步骤予以强化，来鼓励当事人。第三章也涵盖"评量技巧"的介绍，让当事人除了能评估现在所处的位置外，也能评估其朝向目标迈进的程度。在每次会谈的结尾，当事人会得到赞美、桥梁陈述及任务所组合而成的信息。本章也将详细说明这些组成信息的要素。此外，还有练习活动，可以让你有机会应用这些咨询的步骤来处理自己的个人状况。

第四章复习了 SFBC 初次会谈的要素，并提供我与一位真实当事人的会谈逐字稿，让你看见第二、三章所介绍的历程是如何完整地展现的。第四章也提供了一份流程图及一张记录单，来帮助你在进行 SFBC 时，能保持在正确的方向上。第四章的最后，让你针对书中所呈现的案例练习撰写信息，并配合附录 B 来练习在整个会谈中应用 SFBC 的介入方法。

第五章介绍了如何进行精简版本的 SFBC 咨询会谈，也提供了一份流程图和记录单，来帮助你完成这个过程。当咨询师和其他心理健康实务工作者仅有 20 至 25 分钟的时间能与当事人工作时，这一精简版本将非常适用。

第六章说明了进行 SFBC 第二次及后续会谈时能使用的介入方法，也就是如何处理当事人自前次会谈后所经历的成功或挑战。本章也讨论了在第二次及后续会谈中，如何使用评量问句的技术来确定当事人的进步，以及如何应用信息来强化当事人的后续行动，并使其保持在达成目标的轨道上。

第七章介绍了如何帮助非自愿及强制来谈的当事人，成为合作的咨询"消费者"（customers）。第七章也对咨询中特别困难的情境提供了具体的处理建议以及可以尝试使用的技术细节，以能将原本特别困难的情境，转变为可以进行工作的目标。

第八章描述了八种焦点解决取向的应用变式。本章介绍了十秒钟"咨询"、焦点解决转介单的使用、如何结合玩偶与沙盘使用 SFBC，也详细介绍了 SFBC 的观点与技术如何具体应用于小团体、整个班级、家校会议及意象引导团体活动中。

关于如何将不明确的目标加以细节化，附录 A 的练习活动提供了答案。附录 B 包含了一次完整的咨询会谈对话，让你有机会练习使用整套 SFBC 的介入方法，并可以让你看到你原先使用的介入方法和 SFBC 的介入方法之间的差别。附录 C 则包含了焦点解决意象引导团体活动的详细指导语，以及可复印、放大以供活动参与者使用的手册数据。

二、本版的不同

自从 2005 年本书第二版问世之后，"以解决之道为焦点"的价值变得更为清晰，且出现了许多令人兴奋的发展。尤其，这一版本引用了关于焦点解决咨询与治疗有效性的最新研究，强调了更多新的 SFBC 的应用范畴，也提供了新工具来帮助实务工作者。

本书呈现的 SFBC 模式并非一个停滞不变的模型。在本书前一版出版后的几年中，通过我个人的实务经验以及其他实务工作者的慷慨分享，新的策略与诀窍已开始为人所知。这一版本，以我相信有助于使 SFBC 模式更具效用的方式，将这些新策略与新技术纳入书中。此外，我也扩大了书中案例所涉及的范畴，包含了一个来自心理健康机构的案例研讨。当我在学校以外的心理健康助人地点进行更多 SFBC 培训时，就有许多心理健康专业人士与我分享他们应用 SFBC 模式的经验。而本书也因他们分享的成功经验，变得更为丰富。

创建良好界定的目标，是 SFBC 成功的关键。目标厘清了当事人想要达成的具体事项——成功看起来会是什么样。简而言之，如果你有到达某处的可能性，你就必须知道自己要前往的是哪里。这一版本特别强调目标的核心重要性，所以扩展了第二章"目标设定"部分的撰写篇幅。对于你询问"我如何帮上你的忙？""你对我们会谈最大的期望是什么？"时，当事人可能给予的各种反应，书中都加入了更多介入的方法，以帮助其学习目标设定的诀窍。事先得知当事人可能会有的反应类型，并预备好如何响应它们，将能降低你"卡在"难以决定采用何种介入方法的概率。

　　因为时间的有限性，学校咨询师被期待能以更短的时间来进行 SFBC。这一版本新增的第五章更加详细地介绍了 SFBC 的精简版本。这个精简版本特别适合具有高个案量的学校咨询师，使其能在仅有的 20 至 25 分钟时间内与学生进行咨询。对在机构内自费前来咨询的当事人来说，精简版本的咨询，将较传统 50 至 60 分钟的咨询花费更少，家长也更负担得起。第五章也呈现了特地为精简版本设计的流程图和记录单。它们可用作会谈工具，重复打印使用。同步使用这些工具，将协助你有组织性地保持在 SFBC 精简版咨询历程的轨道上。

　　由于时常发现被邀请来见你的当事人并不情愿，这一版本对于如何应用 SFBC 原则来与非自愿当事人工作提出了更多的建议。学校咨询师经常会遇到学生因为捣乱或违反校规等行为而被强制咨询，以代替停学或其他违纪处分，因而，这一版本也包含了与强制来谈学生工作的独特建议。

　　这么多年来，我和许多参加过我的训练工作坊的实务工作者，以及其他焦点解决治疗领域的同事们一直保持联系。看到大家以不同的方式,将 SFBC 技术用于各种不同的场域与工作模式中,是一件特别令人兴奋的事。这一版本的第八章介绍了数种新的 SFBC 应用方式,包括应用于沙盘与玩偶以及家校会议中。在 SFBC 中加入沙盘的使用,能给你提供在心理健康领域及学校中与儿童工作时的另一个有用工具。而在家校会议中应用 SFBC 的方法,将创造出一个正向、目标导向的架构,从而帮助家长与教师双方更有效地协助学生。第八章还提供了一个如何以不同方式把 SFBC 应用于小团体的范例。

三、谁能从本书中获益

本书是为学校咨询师、心理健康专业人员,以及教授心理健康专业的大学教师所设计的。本书旨在提供步骤化的指导说明,并附有案例的呈现,使你能获得运用 SFBC 取向所需的技巧。当你觉得"被卡住"以及想重温 SFBC 历程的知识时,本书也可作为一份快速的参考指南。

当事人能在短时间内看到正向结果的事实,对于拥有众多个案量的你来说,有着相当重要的益处,对于学校来说更是如此。由于这个模式聚焦在解决之道上 —— 而非问题与其历史本身 —— 咨询因此变得较为短期,成功也来得更快。

心理健康咨询师、心理学家、社会工作者,特别是在机构中工作的你们,将可从本书中获益。本书提供了与各类当事人工作时的咨询架构,包含对儿童、青少年及成人,并以一种有效率、有效用且正向的方法来进行。通过将焦点停留在当事人的成功经验而非问题上,实务工作者表示自己在一天工作结束时,是感到充满精力和希望的。

高校的心理咨询教师都表示,本书前两版对于SFBC教学是很有效的,也深受学生的喜爱。据了解,截至2013年11月,已有超过148所高等教育机构采用了本书第二版作为教材。几位教授也指出,他们的学生很感谢有本书的存在。特别是一位教授告诉我,学校咨询课程中的学生发现,作为学校咨询师,本书对在实务上帮助他们预备即将面临的种种挑战有切实的作用。他的学生也提到,与大部分必修的心理健康理论图书相比,他们特别喜欢这一本强调实务应用并有案例说明的图书。

我希望,本书第三版能为学校咨询师与其他心理健康专业人员提供更大的帮助,能使他们在各种场域下为当事人提供服务时,发挥专业的效益。

致谢词

虽然我的姓名呈现在本书封面,表明我是作者,但如果我没有从史蒂夫·德·沙泽尔、茵素·金·伯格(Insoo Kim Berg)、约翰·沃尔特(John Walter)与斯科特·米勒(Scott Miller)那里获得那么良好的SFBC训练,这本书是不可能完成的。同时,安妮·多梅克(Anne Domeck)花费了无数时间,将原稿的页面和章节都编辑得简洁明了。对于这样重要的贡献,我的感谢无法言喻。多梅克让本书的内容更加可读易懂;更重要的是,作为伙伴,她提出了许多对于SFBC模式的洞见,对本版图书做出许多修订。她也参与了我带领的工作坊,对于SFBC取向具有十分扎实的理解。在阅读本书时,你也将明显看出这一点。

十分感谢莫纳·卡坦·刘易斯(Mona Cattan Lewis)对SFBC深具兴趣,并致力将案例研究的逐字稿从录像带中誊写出来。也要感谢许多我带领的工作坊中的参与者,感谢你们学习新事物的热忱与意愿,特别是本书所提及的,将焦点解决治疗创意应用在团体工作中的玛格丽特·卡维特(Margaret Cavitt)、杰德·特纳(Jed Turner)与黛安娜·尼科尔斯(Diane Nichols)。我也十分感激唐·尼姆斯（Don Nims）与利蒂西娅·霍兰－坎迪夫（Letitia Holland-Cundiff）贡献出他们将玩偶应用于 SFBC 的经验。而霍利·麦克布雷耶（Holly McBrayer）与朱利娅·齐巴罗（Julia Chibbaro）将焦点解决方法结合于沙盘的独特应用、拉斯·萨贝拉（Russ Sabella）将 SFBC 技术创新应用于家校会议，皆是这一版本新增的可贵资料，也令我非常感谢。

我还要感谢许多我用这一理论取向咨询过的学生。他们的故事，为本书的每一个页面注入了希望。他们使我成为一个更好的咨询师和教育者，我的生活也一直被他们的成功经验所激励。

我要将本书献给我的孩子们：布拉德、考特尼、西斯。我最为感激的人，莫过于我的妻子，安妮。你对我无条件的鼓励、同理与理解，让本版书的出版成为可能。我将此书献给你！

译者序

《对话的力量 —— 焦点解决取向在青少年辅导中的应用》受到青少年咨询、学校咨询、心理健康服务专业领域的热烈欢迎。因为这本书完整地介绍了 SFBC 的精神、原则、技巧以及会谈的要素、架构与流程,并以实际案例或会谈对话来对应与解说每一个段落的主题。为使更多人能尽快了解与掌握 SFBC,本书作者斯克拉尔博士将 SFBC 哲学的奥妙,转化得浅显易懂,并以十分结构化、步骤化、扼要化的方式来组织与呈现,使读者能清晰、具体地理解本书的内容。本书在如何运用 SFBC 上,也产生了无须转化、直接应用的现实效果。所以,本书扼要的架构与精辟的内容,非常适合初探 SFBC 的好奇者入门阅读。

本书的作者,杰拉尔德·B. 斯克拉尔(Gerald B. Sklare)博士,出身于学校咨询领域,十多年来不断累积个人实务工作、训练历程,并汲取其他心理健康专业人士应用经验等,持续更新本书的版本,使得本书在美国与世界各地畅销发行。由于本书第一版是根据学校辅导教师、心理咨询师等辅导、咨询与教育人员的需求所设计,书中多以中小学生为解说案例,因此本书确实十分适合成为学校教育与辅导人员人手一本的操作手册,同时对与青少年工作相关的咨询专业人员,也具有很高的参考价值。当然,斯克拉尔博士鼓励道,任何负担高个案量的助人工作者,若能增加 SFBC 的思维与技术,将能缩短个案的工作时间、提高专业成效和降低耗竭危机。

在此,特别感谢台北市学生辅导与咨商中心陈宣融心理师担任本书的校对,感谢江苏师范大学心理健康教育中心敬丹萤心理咨询师协助本书的语言润色。他们两位的细心认真、无私奉献,使得该译本得以顺利完成。当然,对于宁波出版社多年来大力协助 SFBC 相关书籍的出版,心中充满着佩服与感谢。深深期许《对话的力量 —— 焦点解决取向在青少年辅导中的应用》译本的问世,能继续支持、陪伴青少年咨询、学校咨询及心理健康领域的实务工作者,并能推进 SFBC 对助人工作怀抱的希望信念,得以筑梦踏实。

许维素

目录

作者序　/ 001
致谢词　/ 008
译者序　/ 010

第一章　学校与其他情境中的咨询:问题与解决

一、焦点解决短期治疗缘起　/ 007

二、差异性及相似性　/ 008

三、有效性　/ 014

四、核心原则　/ 015

五、焦点解决基本假定　/ 017

六、其他引导原则　/ 020

七、本章总结　/ 025

八、练习活动　/ 026

第二章　设立目标

一、开启初次会谈：
建立融洽的咨访关系并说明咨询历程　/ 030

二、发展正向目标　/ 032

三、奇迹问句　/ 044

四、"还有什么呢"问句　/ 051

五、建构良好设定的目标：综述　/ 052

六、本章总结　/ 057

七、练习活动　/ 057

第三章　发现与建构解决之道

一、发现尚未辨识的解决之道：成功事例　/ 061

二、通过辨识已有资源赋能当事人　/ 065

三、评量基础点与进展　/ 071

四、标示地雷区：辨认与克服阻碍　/ 075

五、以讯息来总结初次会谈　/ 076

六、本章总结　/ 090

七、练习活动　/ 090

第四章　联结各部分

一、初次会谈的要素　/ 094

二、心理健康情境的案例研讨：初次会谈 / 105

三、学校情境的案例逐字稿：与佩特罗的初次会谈 / 107

四、本章总结 / 123

五、练习活动 / 123

第五章　SFBC 会谈精简版

一、解释会谈历程 / 126

二、确认当事人想要达到的目标 / 127

三、使用评量来了解当事人对其现状的观点 / 128

四、当事人曾经到达过的最高分数是几分 / 129

五、书写讯息 / 133

六、SFBC 会谈精简版案例 / 138

七、本章总结 / 140

第六章　后续会谈

一、开启后续会谈 / 142

二、第二次或后续会谈的要素 / 142

三、进一步咨询的需求评估 / 152

四、书写讯息 / 153

五、第二次或后续会谈的工具：流程图与记录单 / 153

六、心理健康情境中的后续会谈 / 157

七、与学校情境中的佩特罗进行后续会谈　　/ 160

　　八、本章总结　　/ 161

第七章　与强制来谈当事人工作或在有挑战性的情境中工作

　　一、帮助非自愿当事人成为咨询消费者　　/ 164

　　二、使用焦点解决短期治疗与"强制咨询代替惩处"的学
　　　　生工作　　/ 169

　　三、将困难情境转变为可工作的目标　　/ 175

　　四、本章总结　　/ 177

第八章　焦点解决概念的扩展应用

　　一、十秒钟"咨询"　　/ 180

　　二、焦点解决咨询转介单　　/ 180

　　三、在 SFBC 中使用玩偶　　/ 182

　　四、在 SFBC 中使用沙盘　　/ 186

　　五、焦点解决团体咨询　　/ 187

　　六、使用 SFBC 的方法进行班级咨询工作　　/ 190

　　七、焦点解决家校会议　　/ 194

　　八、焦点解决意象引导　　/ 203

　　九、本章总结　　/ 204

尾声　　／ 205
附录 A　练习将一个不明确的目标加以细节化　　／ 208
附录 B　练习活动：与凯西的咨询会谈　　／ 209
附录 C　焦点解决意象引导　　／ 228
参考文献　　／ 244

第 一 章

学校与其他情境中的咨询：
问题与解决

Counseling in Schools and Other Settings:
Problems and Solutions

请你想象一下：

你从记事以来，就想成为一位学校咨询师。现在的你，刚研究生毕业，获得了学校咨询专业的学位，热切地想在聘你担任学校咨询师的校园中，证明你与学生进行咨询的效能。

但是，一年过去了，这个图像逐渐黯淡下来。你分配到的工作让你应接不暇，与学生进行咨询的时间少之又少。当你终于拨出时间与学生进行咨询时，又因为只能给学生少数几次的会谈次数而感到十分泄气。这让你开始思考："在这样少的会谈次数中，我能做什么？又何必费事努力呢？"你当初成为学校咨询师的主要动机是希望与学生进行咨询。此时的你，感到幻想破灭，也开始质疑自己当初进入这个行业的决定。

接着，一道希望的曙光出现了，你学习到一种十分适用于学校的咨询模式。这个模式被称为"焦点解决短期治疗"（Solution-Focused Brief Counseling，简称 SFBC）。SFBC 相当吸引你，因为它聚焦于学生的资源，而非学生的不足之处。而且，只需少数几次会面，就能帮助学生走上解决问题的轨道。SFBC 过程中的许多步骤都类似于你在其他咨询取向中学到的技术。因此这个模式对你而言，是相对容易掌握的。

当你运用这个以"解决之道为导向"（solution-oriented）的咨询方法，将咨询工作的焦点从"问题"转至"解决"时，你会开始注意到学生在咨询中的转变。当学生能开始认识到被自己忽视的优势和资源时，他们看起来更为自信。你也观察到学生会一再重复自己的成功经验，并接二连三地引发其他成功经验。你的会谈因为有了正面的聚焦，让你与学生都充满喜悦。学生在咨询会谈中所达成的表现，让你在下班返家的路上，感到充满能量和希望。

这听起来太棒了，简直不像真的一样。但实际上，在学校实施 SFBC 能帮助咨询师真正进行专业协助。这正是当时吸引他们进入此领域的原因，也确实会让他们容光焕发。正如一位小学学校咨询师形容，她改为专注于解决方法和目标达成，于是她在返家的路上，不再忧郁地想着学生面临的所有难过的情况。她提道："我更常发现，自己变得对学生更加有帮助。我很高兴我在从事与自己头衔相符的工作。"（M. Cavitt, personal communication, February 15, 1996）另一位小学学校咨询师则说道：

我对这个向斯克拉尔博士（在一次 SFBC 工作坊中）学到的新咨询方法感到非常兴奋……因为它马上为我带来了效果——很大

的效果，使得一些教师立刻就要我继续进行后续的会谈……如果你知道我这一年过得多艰难，你就会了解为什么这是如此令人兴奋的。我觉得我似乎从愁云惨雾中走出来了……仅仅只是因为重新发现了这个喜欢与学生一同工作的"我"……像是"再度觉醒"知道我是谁，对于生活拥有了更多热情。（D. Nichols, e-mail, March 28, 2013）

但是，为何这么多学校咨询师感到无法顺利完成他们所被训练的咨询工作呢？进行实务工作的学校咨询师常指出，原有的训练缺乏符合学校情境实际可运用的咨询策略。一般咨询师教育的课程方案强调的是需要长期治疗的咨询理论模式，然而实际的时间限制，不足以让学校咨询师提供长期治疗，或者长期治疗也非政府希望给予学生的服务模式。有时，有些学校咨询师也没有时间接受长期治疗的训练。由此可知，长期治疗是超过了学校咨询师的角色范围的（American School Counselor Association, 2012; Hatch, 2013）。虽然对咨询师而言，了解精神分析、精神动力学、完形疗法、行为疗法、沟通分析理论、理性情绪行为疗法、阿德勒与人本主义等咨询理论基础是十分重要的，但期待学校咨询师在学校情境中应用这些模式，是不切实际的。

在许多场域里，极大的个案量，加上管理式医疗（managed care）或保险公司对每位当事人的会谈次数限制，使得心理健康专业面临压力。在这些要求下，SFBC模式显得格外重要。越来越多的机构与专业组织邀请我前去为心理学家、社会工作者、心理健康咨询师等人士提供SFBC训练。运用SFBC模式的心理健康专业人员，证实了焦点解决取向在这些工作环境中的效益。比如，二十位心理健康机构的治疗师接受了我六小时的SFBC训练，隔天，该机构的主任跟我说：

我刚才与一位机构内的社工进行了有证社工师（Licensed Counseling Social Worker，简称LCSW）督导。她昨天参加了你的训练。她变成了一位很棒的治疗师。她刚刚逐步运用你所教的SFBC模式完成了会谈，会谈很成功。她说那是她最好的会谈之一。相较于先前，那位抑郁的当事人在这次会谈中产生了更多的能量和动力。她分享了他们在会谈中写给彼此的讯息。这真的很令人惊叹。她非常兴奋！（J. Hulette, e-mail, October 31, 2013）

在这场训练十周后，我与这位主任再次会面，她反复提及焦点解决取向的效益。她也提及该机构的治疗师日复一日聚焦于当事人的问题，导致继发性创伤（secondary trauma）的出现。要治疗师跳出问题，对当事人抱有希望，是很不容易的。她还观察到，当临床工作者使用SFBC时，会产生以下的各种改变：

他们有了新的希望，发现当事人确实变得比刚开始会谈时更好了。帮助当事人探索优势，让他们变得很兴奋。这些都使得他们在担任治疗师的角色上，感受到被赋能，也觉得自己对当事人是更有帮助的。我想，这让他们成为更好的治疗师，能去帮助各种当事人，而不仅只是帮助了他们采用焦点解决模式工作的当事人而已。（J. Hulette, personal communication, January 13, 2014）

一位在心理健康机构工作的临床心理学家，在尝试运用本书所介绍的焦点解决取向于一些较严重的案例之后，她分享了运用这个取向的感想。

虽然我在15年前就接受过焦点解决技术的训练,也在许多个案工作中使用了这些策略,但我还是没有信心在某几种个案类型上使用这些技术。跟随斯克拉尔博士的训练,我挑战了自己,在与一些情况较严重、复杂的当事人工作时,尝试了这个方法。我非常开心与惊讶地发现:焦点解决技术的力量,也能展现在复杂的案例中。我开始意识到我脑中的决策树(decision trees),思索着要在什么时间、如何整合这个取向之后,我发现实在没有什么理由不去把这个取向作为大部分个案工作中的主要干预工具。任职于社区心理健康机构,我面对的大部分当事人都遭受过严重创伤,拥有极少资源,甚至没有资源,也多同时罹患慢性疾病。许多当事人花费了数年,甚至生命中的多数时间在接受治疗。然而,由于管理式医疗与其他财务上对于服务的限制,"在治疗中被养育"的文化,如今早已不可行。

焦点解决治疗是一个有力量的工具,能以更聚焦且快速的步调,达成目标和目的。审查单位喜欢在审查文件中看见清楚、可评量的目标,以及可测量的进展。(治疗师在会谈最后写给当事人的)讯息是非常棒的工具,能将当事人与治疗师对于每次会谈期间所期望的计划,以书面资料的方式确定出来。

我发现父母们对于焦点解决技术的反响特别热烈。父母对于被评价为"坏父母"非常敏感,会感到屈辱,因而父母为了孩子前来接受治疗时,常会带着强烈的防御心理。焦点解决技术能消解这样的防卫。它会自动将父母放置于专家的位置,强化他们对自我的观感,让他们对于考虑如何改变,产生能承担的耐心与包容。

到现在,我已在我任职的这个社区心理卫生中心工作了19年。我可以说,焦点解决治疗有它的一席之地。斯克拉尔博士的训练为我们中心处理创伤与困难案例的工作人员，带来了崭新的热情。好几位工作人员都谈到崭新的希望、崭新的自信心。即使在与内心最为混乱的当事人工作时，也都能提供一些帮助，使其不再以悲伤、挫败的话语，结束每次会谈；取而代之的是，大部分会谈都结束于希望中，并以一份当事人与治疗师都能坚持下去的讯息作为结语。这对我们的当事人和治疗师来说，都是非常美好的影响。（E. Jackson, e-mail, January 16, 2014）

　　本书所描述的SFBC历程，很适合学校咨询师和心理健康的实务工作者运用于各种场域中。因此，整本书中的"当事人"（client）一词既可以指称学生，也可以指称其他咨询或治疗中的个人。

　　咨询师教育的课程中，大部分咨询取向都聚焦于问题，而这也常暗示了当事人应该是有些地方不对劲。以这样的方式来思考，便可以理解为何有一些当事人并不情愿与这些强调他们缺陷的咨询师见面。如此强调不足之处，通常会导致会谈对问题、病原、历史、成因进行广泛探索而耗费时日。SFBC能解决前述这两个议题，因为此模式并不要求对问题的历史与成因做探索，咨询历程因而变得简短扼要。同时，焦点解决治疗通过强调当事人的优势与资源，而非缺陷与失败，就拥有了一个能够赋能当事人的正向焦点。

　　多数时候，前来咨询的青少年由校方人员、父母或法院转介。他们通常展现"来访者"（visitors）而非"消费者"（customers）的态度，只是为了履行要求或基于最后通牒才被迫前来咨询，因此他们难以投入咨询。在这样的情况中，真正的"消费者"是父母亲、师长、行政管理者，或其他希望当事人有所改变的大人。有些时候，"拥有"问题的是这些大人，而非当事人本人。被转介来见咨询师的青少年，或许会认为咨询是为转介者服务的,而造成其对咨询的抗拒。由于SFBC模式强调当事人的正向特质与长处,常能增加当事人参与咨询的意愿;同时,此模式的特色之一在于,能以某些特定的介入方法,协助本持"来访者"态度的当事人转变为投入咨询的"消费者"。

一、焦点解决短期治疗缘起

20世纪60年代后期,焦点解决治疗起源于史蒂夫·德·沙泽尔的一系列观察。他观察到:当他开始邀请当事人注意"在两次会谈之间,生活中有什么比较好的事情发生"(de Shazer & Molnar, 1964),且这个观察任务并不包括要当事人注意前来咨询的问题时,有一些现象发生了。令人注目的是,三分之二的当事人都在下次会谈时,表示事情已有好转。而剩下三分之一认为事情没有好转的当事人中,又有半数的人开始发现原先被忽略的进展。很明显,解决之道一直在出现,但除非将注意力重新导向并突显这些成功,否则它们经常是被忽视的。还有一个有趣的现象是,许多当事人表示已有好转的事,都与当初他们前来咨询的问题毫不相关。

德·沙泽尔提出的这个崭新的咨询取向运用了一个事实:多数当事人都能界定出一些问题较不严重或不存在的时候。举例来说,因抑郁而寻求治疗的当事人,一般而言不会在百分之百的时间中都处于抑郁状态;通常会有一些时候,是抑郁不存在或不明显的时候。通过聚焦于这些问题的"例外"(exceptions),先前被忽视的解决之道,将可以被界定出来。SFBC这个新取向也反映了咨询工作的重点从传统的"聚焦于问题"转变为"聚焦于解决之道",而对问题的探索降至最低。

随着焦点解决方法的持续发展,维纳·戴维斯(Weiner-Davis)、德·沙泽尔和金格瑞契(Gingerich)(1987)有了一个结论:或许早在第一次咨询之前,正向的改变已经发生。于是,他们开始邀请来电预约咨询的当事人,注意自己从打电话起到第一次咨询会面的期间,他们的生活中有哪些部分是有好转的。令人惊奇的是,这些当事人所表示的结果,与德·沙泽尔派给当事人在两次会谈之间进行的观察任务,有着雷同的效果。这些当事人也提及,或许一直以来问题被过分强调了。这个发现让德·沙泽尔和他的同事们得出了一个结论:聚焦于解决之道比聚焦于问题更为有效。这成为咨询领域中很重大的哲学转变。与此同时,SFBC的一个重要基本假定得以显现:无论是正向的还是负向的谈话内容,你谈论得越多,带出的则越多。

若干富有创新精神的实务工作者基于德·沙泽尔早期的工作成果,特别是德·沙泽尔在20世纪80年代至90年代间的工作成果,继续努力(Berg & Miller, 1992; Berg & Steiner, 2003; de Shazer, 1985; O'Hanlon & Weiner-Davis, 1989; Selekman, 1997; Sklare, 2000; Walter & Peller, 1992)。经由他们的努力,焦点解决取向成长至今,对学校与心理健康领域已产生深远的影响。

二、差异性及相似性

同多数咨询取向一样,将SFBC与其他派别放在一起比较时,其间的差异性和相似性是显而易见的。如前所述,SFBC与其他咨询取向的一个根本性差异是,SFBC的会谈重心转为聚焦于解决之道,不再需要对当事人的问题的历史背景做深度探索。在咨询历程中,SFBC 移除了对问题成因和起源的调查,大幅缩短了咨询所需的时间:聚焦于解决之道,咨询变得简短。而且,当咨询焦点转移至解决之道时,行动的重要性随之提升,而洞察的重要性则随之降低。SFBC 有别于其他咨询派别,因为其坚信:"行为的改变,将带来感受的改变"。

拉特纳(Ratner)、乔治(George)和艾弗森(Iveson)对于咨询中何为"从问题转向解决之道"做了详细的阐述:"焦点解决取向的核心在于邀请当事人详细地描述出,当他们前来接受治疗的最大期望(best hopes)达成之时,他们的生活图像会是什么样子。而这个图像,并非是由当事人带来治疗的问题所能决定的。"(2012, p. 241)由于 SFBC 讲求的是核心哲学观点的转移,对经验丰富的咨询师而言,要背离传统上对问题、诊断与历史的关注,可能会很困难。这对已经在执业的咨询师来说,也是最困难的挑战之一:要背离传统上对问题、诊断与历史的关注。

SFBC 同样呼吁,由当事人自己决定想要的咨询结果或咨询目标。SFBC 聚焦于当事人的渴望,而非咨询师、行政管理者或心理健康人员的渴望。当事人被视作自身的专家——他们知道什么对自己最好。相信当事人拥有界定目标的能力,这个信念将会传递出对当事人的信任与尊重;而当个体被允许由自己来决定想要探讨的咨询议题时,抗拒就会减小。对于心理健康专家来说,要放弃"知道什么对当事人最好"的专家角色,可能是很困难的。咨询师采用 SFBC 后的效果好坏取决于:咨询师是否愿意坚守对当事人能力的相信,是否愿意让当事人去做所有的工作、承担所有的责任,以及是否认可当事人可以变得更好的可能性,无论当事人过去的经验或背景为何。

SFBC与其他取向最深刻的差异,或许显现于此模式的正向本质对儿童与青少年所产生的影响。有个例子是这样的。我运用SFBC与某初中一群高风险的学生进行了三周咨询后,该校的秘书告诉我,她问每一名学生两个相同的问题。第一个问题是:"你会想要回来,与这位咨询师再次会面吗?"他们热烈地回应:"是的,我想。"她接着问下一个问题:"你觉得他(这位咨询师)想要与你会面吗?"他们有力地回应:"他当然想!"这些学生因被认为是有能力达成成功者,所以获得了自信,预备好要证明自己能够再度成功。由于在过去经验中,会谈都聚焦于学生们做错的事情,使得会谈大多成为负面经验,所以当咨询师或行政管理者和学生谈论的是他们做得对的地方时,学生们似乎都大为惊喜。

另一个例子是,我用SFBC与一名四年级小男孩进行咨询,他在我们第二次会谈开始时评论道:"我喜欢来这里,因为这是第一次有人跟我谈论我做得好的事情。"我发现这是一个简单但出色的说法,这能作为一个强而有力的提醒,指出SFBC与其他干预方式、与众多学生在日常生活中遇到的互动方式,所具有的巨大差异。学生对SFBC反应的另一指标是,某些我咨询的学生,其友人也要求咨询,他们评论说:"布丽奇特不再惹麻烦了,所以我也想要你把我'修'好,就像你把她'修'好一样。"强调孩子从前未被赏识的资源,将能激发他们去证实自己的能力。

(一)焦点解决短期治疗在儿童工作中的应用

强调行动胜于洞察,使SFBC成为一个与儿童工作的有效模式。由于SFBC认为洞察并非必要,而且某些年龄层的孩子尚未有足够的认知能力去了解自己的位置,或不知如何以成人做得到的方式前进,这让 SFBC 对这些特定年龄层的儿童,具有高度的适合性(Kral,1994)。

焦点解决咨询师发现,使用当事人的话语,会让咨询比较容易让当事人理解。使用当事人的语言,会让咨询变得个人化,且能符合当事人的个人专属需求。帮助当事人在熟悉的语言程度中进行沟通,并确认当事人是被理解的,将会创造出良好的沟通情境。

SFBC 的另一个特色,也使其十分适合儿童:强调运用语言来引导儿童采取正向的行动。儿童会来到你这里,大多数是因为转介者希望他们停止做某件事情(打架、捣乱、讲话、争辩),或者希望他们开始做某件事情(回家做作业、合作、专心、准时)。聚焦于当事人不想做或想停止去做的事情,会形成一个负向的目标。无论年龄大小,负向目标对任何人而言都难以达成。为了要想象自己"不要再去做某件事情",你必须以"将要去做什么事情"的想法取而代之。从发展的角度看,儿童格外需要能够界定出自己所需采取的特定明确行动。而此,正是焦点解决方法致力的催化之处。

(二)焦点解决短期治疗在多元族群与文化中的应用

在公立学校中,来自其他文化背景的学生数量已逐渐增加(Holcomb-McCoy,2001)。事实上,有预测指出,到 2020 年时,公立学校的主流学生,将会是来自多样的文化、种族与族裔背景者(Campbell,1994)。相似的倾向,也可见于心理健康机构所服务的人口群体。

在某些案例中,文化差异与"信任"这个议题息息相关。某些报告指出对于非裔美国学生来说尤其如此(Biafora, Taylor, Warheit, Zimmerman, & Vega, 1993; Phelps, Taylor, & Gerard, 2001)。文化差异导致学生对于寻求学校咨询师或心理健康专业者等陌生人的帮助,感到不舒服或不熟悉,而此情况也可能发生于拉丁裔的儿童中(Altarriba &

Bauer, 1998）。由于拉丁血统的儿童已是美国学龄儿童中增长最快速的人口群体（Aviles, Guerrero, Horwarth, & Thomas, 1999），学校需要找出方法，为这些学生提供最佳的服务。

这些源自文化差异的议题，已让行政管理者、咨询师与心理健康人员开始寻求新知，以能为来自各种文化背景的孩子，提供最好的咨询服务。一个关注此需求的例子是，早在15年前，《咨询与发展季刊》（Journal of Counseling and Development）（Robinson & Ginter, 1999）曾以一整期的篇幅致力于多元族群主题的倡议，并探讨与不同文化背景者进行咨询时，需要特别注意的需求事项。

幸运的是，焦点解决取向的诸多特性，让它成为一个与多元族群工作的理想咨询取向。SFBC会谈关注当事人的经验，强调在当事人自己的参考架构（frames of reference）中推进会谈，而非在咨询师的参考架构中进行。而且，SFBC会谈中使用的是当事人的词汇而非咨询师的，认为当事人是自己最好的专家，关注其优势而非弱点，重视关注解决之道而非问题。SFBC模式的这些特性让当事人较不会对于在家庭外与陌生人谈论问题出现担忧，也能够帮助不同背景与文化的当事人克服对咨询的抗拒。

德容（DeJong）与伯格（1998）发现，在接受SFBC之后，相较于各年龄层白种当事人71%的比例，约有80%的非裔美国当事人与82%的拉丁美洲当事人（虽然此研究仅有少量的拉丁美洲当事人）达成了他们的目标，或在目标上有所进展。本书中所呈现的许多案例当事人，都是来自经济弱势社区的非裔美国学生。这些学生成功克服困难的经历，十分激励人心。

SFBC取向的影响力也远扬于美国之外。到目前为止，本书已被翻译为日文、韩文、中文、土耳其文、希腊文出版。这正是焦点解决短期治疗对于各种文化皆具有吸引力的证明。

（三）相似性

许多SFBC所运用的技巧，与其他咨询取向是共享的。倾听、带着同理心的回应、询问开放性问句、支持、强化、界定目标，以及应用量尺方法等等，是SFBC与其他心理健康工作取向的几个共同点。要转向以解决之道为基础的取向，需要以现有的诸多技巧为基础。

如同任何一种咨询模式，SFBC或许并非对所有当事人都能产生效果。有些当事人可能只想要有人倾听自己，而不想被"修复"。近期内历经失落的当事人，也可能还没准备好要寻找解决之道。

（四）要有让当事人了解SFBC独特之处的准备

有些当事人可能会对你的新取向怀有戒心，而拒绝你的协助。让当事人了解你使用这个不同取向的考虑与原理，将有助于减轻其疑虑。举例而言，若当事人是第一次与咨询师会谈，你可以说："你被送来见我时，我猜你预期的是，我们要谈你生活中出了差错的部分。但其实，我们要谈的东西是不同的，我们不是要谈论问题。我们主要要谈的是事情较好或好转的时刻，以及，你是做了什么，而让那个较好的情况能够发生的。"

如果这位当事人之前已有与你或其他咨询师谈话的经验，你可以说："我知道你先前已和我（或其他咨询师）谈论过你的问题了，而事情可能还没解决。所以，我们这次要试试不同的做法，不把时间花在谈论问题上，而是来谈谈你的优势，以及，每当那个问题出现的时候，你是运用了什么资源，来让事情稍微好转的？然后，我们也会谈谈，你是如何做到这些部分的。"

三、有效性

许多文献都论证了 SFBC 的有效性（Bruce, 1995; Franklin, Moore, & Hopson, 2008; Guterman, 2013; Kim & Franklin, 2009; LaFountain, Garner, & Eliason, 1996; Littrell, Malia, & Vanderwood, 1995; Murphy, 1994; Pelsma, 2000; Ratner et al., 2012; Sklare, Sabella, & Petrosko, 2003; Thompson & Littrell, 1998）。德容和伯格（1998）指出，接受焦点解决短期治疗七到九个月后，12 岁以下儿童以及 13 到 18 岁的青少年中，分别有 78% 和 89% 的人朝着他们的咨询目标取得了进展。富兰克林（Franklin）、比弗（Biever）、穆尔（Moore）、克莱蒙斯（Clemons）和斯卡玛多（Scarmado）（2001）探究了焦点解决治疗用于特殊教育的效果，对象是具有行为问题的五、六年级学生。结果显示，这些接受焦点解决治疗的学生，在多种行为议题上都产生了正向改变。

库克（Cook）和卡芬贝格（Kaffenberger）（2003）为初中生进行了一个焦点解决取向的学习技能团体。研究发现，有 50% 的学生的成绩平均绩点（Grade Point Average, 简称 GPA）有所进步。同时，教师与学校行政人员也报告了他们看到的正向效益。另一个关于学业成效的研究（Newsome, 2004）发现，在团体情境中接受焦点解决治疗的高风险中学生，相较于未接受焦点解决干预的高风险中学生，其 GPA 在干预后有更为显著的提升。萨达扎德（Saadatzaade）与卡利里（Khalili）（2012）也进行了一项研究，检测焦点解决团体咨询用于男性高中生在其学业成就与自我调节能力方面的有效性。其中，自我调节能力是指学生有能力评量自己的进展，并采取相应的策略。

研究发现，相较于控制组的学生，参加焦点解决团体咨询的学生，在成绩与自我调节上都表现出显著的进步。

科克兰（Corcoran）（2006）进行了 SFBC 与认知行为治疗用于儿童行为问题的有效性比较研究。由父母所填写的量表结果得知，两种治疗取向都能带来显著的改善，两者具备同等的有效性。金（Kim）（2008）对焦点解决短期治疗的成果研究进行了元分析并指出：焦点解决取向产生的效果与其他心理治疗取向并驾齐驱。凯利（Kelly）、金与富兰克林（2008）指出，焦点解决治疗显现出与其他形式治疗相似的成效，但 SFBC 通常能在比其他治疗取向更少的会谈次数中达成此结果。相较于其他取向，SFBC 能以较少的会谈次数发挥类似的成效，因此对于承担极大个案量的学校咨询师而言，SFBC 是一个十分理想的工作取向。

四、核心原则

与所有咨询模式相同，SFBC 具有一些核心信念或"规则"（rules），这让这个取向的实施能获得最大效益。德·沙泽尔（1987, p. 59）与伯格和米勒（1992, p. 17）提出了三个基本原则，来引导咨询师运用 SFBC。

原则一："如果没坏，就不要修理它"（If It Ain't Broke, Don't Fix It）

第一个原则借用了古老的格言："如果没坏，就不要修理它。"这是指，咨询师把一些对当事人来说原本不是问题的地方当作问题，这将可能导致当事人对原本能驾驭之处也产生困难。咨询师应该专注于解决之道的产出,而非聚焦于多余的担心。这个原则也反映了一个哲学:由当事人来决定他自己的咨询目标,而非咨询师。

原则二:"一旦知道做什么有效,就多去做"(Once You Know What Works, Do More of It)

原则二是"一旦知道做什么有效,就多去做。"这是指,咨询师与当事人确认的处理方法中,能帮助当事人有所进展的部分,将会给咨询师传递有价值的讯息。一旦被成功界定出来,咨询师就可以催化当事人复制这些成功。咨询师也需要避免诱惑,不做过多雕饰,或为了加速前进,而尝试不同的做法。曾经有效的作业任务或处理方法,都有极大机会能够再次成功。

原则三:"若无效,就别重蹈覆辙;做些不同的事"(If It Doesn't Work, Don't Do It Again. Do Something Different)

第三个原则呼吁:"若无效,就别重蹈覆辙;做些不同的事。"美国工作伦理倡导的一个观念是:"若一开始你没有成功,请一而再,再而三地尝试。"但重要的是,再次尝试时,须使用不同的策略,方能产生不同的结果。然而,在咨询中,当事人习惯在面临困难时,使用同样的、熟悉的应对策略,因为那就是他们所知的方法。沃尔特(Walter)与佩勒(Peller)(1992)举出一个常见的例子,来描述人们一遍遍地重复无效策略的现象:人们常随意放置皮夹、钥匙串等物品,然后忘记所放之处。在寻找的过程中,他们会先彻底搜索厨房餐桌但未见踪迹,卧房梳妆台上也搜寻未果;接着,他们会在外套的口袋中寻找;然后,他们又回到厨房餐桌寻找。但若此物先前就不在餐桌上,那么它现在又怎么会在那里呢?重复做无效的事情,是没有意义的;继续往新的地方寻找,才是比较合理的做法。认同 SFBC 的这个原则,将能帮助咨询师重塑自己对于抗拒的想法。也就是,在当事人显露出不情愿或不配合的态度时,他们就有可能是在告诉咨询师:"你现在所做的,对我们而言,是行不通的。"

五、焦点解决基本假定

任何咨询取向的哲学观都含有它的基本假定。咨询师必须内化这些假定,才能有效运用咨询模式。遵循这些假定,咨询师得以保持在轨道上前进。不同的焦点解决实务工作者,都曾以自己的方式说明焦点解决取向蕴含的假定。下列五项假定所描述的概念,归功于沃尔特与佩勒(1992)。

假定一:聚焦于成功,能带出解决之道

第一个假定主张,当我们专注于成功时,有帮助的改变就会发生。把注意力导向于"对的、对当事人有效的"部分,而非错误与棘手的部分,以及,践行"解决式谈话"而非"问题式谈话",将能促进咨询历程的发展。对于新手焦点解决咨询师而言,这可能是十分困难的任务。因为绝大多数的心理健康人员,都被训练成要寻找问题。从问题转至辨认解决之道,需要有意识的努力与重复的练习。

许多年以前,霍斯福德(Hosford)、莫斯(Moss)和莫雷尔(Morrell)(1976)在一篇具有前瞻性的文章中,以对监狱中有口吃的犯人的干预实验为例阐述了这一概念。研究者先录下与口吃犯人的对话,再

将录音中所有口吃的部分移除，制作成第二版经过编辑的录音，让犯人们聆听经过编辑的、自己毫无口吃痕迹的谈话录音。如此聚焦于正向与解决之道而非问题的结果是，他们的口吃获得了明显的改善。我也推荐大学篮球教练使用这个以解决为导向的取向，来改善一位球员的罚球投篮表现。类似前述研究的方式，他们预备了一份编辑过的录影带，突显出该球员罚球投篮时的完美姿势和准确度，并且在比赛及练习前，让这名球员观看录影带，然后再闭上眼睛想象自己完美的投篮。这使其养成了只专注于解决之道——精准的投篮——的习惯，使他在整个赛季的罚球中，仅仅失误了一次！

假定二：每个问题都能找出例外

第二个假定坚称，每个问题都能找出例外（或成功的例子），并将其转换为解决之道。当事人常认为自己的问题是一直在发生的，即使他们的问题实际上有时是消退的。当事人经常会陷在自己的问题中，以致无法看到问题并未出现的时刻，也难以认识到这些例外的重要性。因此，需要由咨询师及其他心理健康专业人员倾听出例外的存在，仔细听出例外于何时、何处、如何发生的线索，以作为帮助当事人发展解决之道的第一步。

有个例子是，一名七年级的女孩琼前来求助，因为她与念高三的姐姐不常交谈。每次一交谈，她们就会不断争论谁对谁错，然后都向父亲告状，试图证明对方是错的。琼渴望结束这样的冲突。

咨询师询问她们的关系何时是稍微好些时，琼回想起两个月前，她与姐姐聊起彼此的生活近况，那之后的几天她们都没有争吵，也没有向父亲告状，甚至有一次姐姐还主动帮她说话。虽然例外一开始不容易被发现，但是经过一些探索后，它就会被发掘出来。琼被指派要"多做有效的事"。在一周后的第二次会谈里,琼报告自己这周有跟姐姐聊天,也停止告姐姐的状了。姐姐也做了与她相似的反应。她们开始成为盟友,会一起做一些事。琼的父亲对她和姐姐说,他注意到她们的争吵变少了,他为此感到开心。琼也很明显地注意到,爸爸回家时开始有更多笑容了。可见被指认的解决之道总是存在的,它就隐藏在琼问题的"例外"中。琼与咨询师总共只见了三次面,她与姐姐的关系就渐入佳境了。

假定三:小改变会带动涟漪效应

第三个假定是,小改变会带动涟漪效应,扩展成更大的改变。人们一旦认识了彼此,他们在某种程度上便能预测对方的行为,也会为对方所预测。当事人只要做出一丁点的行为改变,就会引发一连串的反应来响应这个改变。被改变影响的人也会调整自己的反应,而又引发当事人进一步的改变。就如同琼的情况,当她更支持姐姐时,姐姐也更支持她。她们开始与对方一同做事情。这对姐妹间的改变,也对其父亲产生了明显可见的正面影响。

假定四:当事人是最了解自己的人

第四个假定是,相信与认可所有当事人都拥有解决问题的资源或能力。谁会更了解当事人呢?为何不运用其自身的长处?强调当事人的优势,取代对其缺陷的聚焦,将会使改变更快发生。咨询师和当事人需要一起来发现成功的时刻,最重要的是,要能辨认出当事人做了什么而使这些成功时刻能够发生。探索当事人成功的"路线图",将带领他们迈向一个充满"赋能性"的探险旅程。

假定五：正向目标较具效能

第五个假定呼吁，须采用正向词汇来描述当事人的目标，并反映其想要做的事，而非以负面词汇来反映其不想做的事。要当事人想象一件未曾发生的事，是不太可能的；当事人必须以想象那个时刻会发生的事来取而代之。建构一个"不去做某事"的目标，或负向的目标，是徒劳无功的。一般情况下，负向目标不会引导出有成效的行动，无法给予当事人一个"如何取得成功"的方向。而且，"没有出现某个行为"这类目标的陈述，是很难被测量的。在当事人以负向语言叙述目标或描述他们不想要什么时，咨询师有职责协助当事人采用正向语言来表达与界定他的目标，要用具体、行为化的词汇，反映出他真正希望发生的事。想象着一个自己会达成的、可测量的目标，将高度激发当事人的动机。

六、其他引导原则

除了前述核心原则与假定之外，还有几个概念能为实施 SFBC 模式提供指引。

概念一：越关注什么，就越会得到什么

"越关注什么，就越会得到什么"的概念，与焦点解决治疗是否能成功执行息息相关。最简单的解释就是：若你关注行不通之处，你就会遇到更多的问题；若你关注有效之处，解决之道就会变得显而易见且越来越多，从而引发正向改变的涟漪效应。

整体而言，当事人容易去注意错误与行不通之处，而常忽略对他们有效之处。于是,解决之道常被忽视,问题却不成比例地快速增多。在咨询会谈中聚焦于问题,只会助长问题。

人们也容易将问题形容为"总是在发生",并认为期望的目标是"永远达不到的"。通常这些绝对性的想法,其实不会在100%的时间中都真实发生。当事人不会总是情绪失控,一直跟父母争吵或从不做作业。一般而言,总会有些时候,他们控制得了情绪,可以与父母合作或完成作业。这些成功时刻时常被遗忘,或者未被指认出来。因此,重要的是,咨询师能特别注意到这些对个别或每位当事人有效之处的迹象,使这些解决之道得以被复制。遵循着这一概念,咨询师将会坚信:在生命中的各个时期,所有人都曾经成功克服过他们的问题,而且,他们是有能力可以再次成功的。

德·沙泽尔(1988)也曾提出类似的观点。他提及,当事人常会使用"我是"(I am)的陈述方式来描述他们的问题。举例来说,当咨询师询问当事人来见自己的原因时,当事人常以"我是很伤心的"或"我是很害怕的"这类陈述来回答,就像他们会说"我是女人"或"我是美国人"一样。当人们这样说话的时候,仿佛令他们前来咨询的症状是一个永久不变的特质,就像性别或国籍一般。聚焦于问题的例外,则能鼓励当事人发现:他们的症状并非永久不变的特质。如此一来,能将当事人的注意力转移至资源与正向行为上,进而引出更多具有建设性的类似行动。简言之,这些反映了"越关注什么,就越会得到什么"的原则。

概念二:避免分析问题

哲学家路德维希·维特根斯坦(Ludwig Wittgenstein)曾说:"如果你所需要做的,只是去描述事情何以有效。那么,此时去寻求解释,便是个错误。"SFBC 与儿童和青少年讨论什么是有效的事项,而非探索问题的成因。

相较于 SFBC,当咨询会谈聚焦于病因——描述当事人的问题、这一问题持续了多久、这一问题的起因,以及这一问题所造成的当事人的感受时,并不太可能为当事人带来改变策略。事实上,这种聚焦于问题的会谈,还可能会让当事人感到无望、防卫和消极,甚至可能让当事人更感受不到自我的行为责任。

然而,若你关注问题较不明显,或该出现却没有出现的时刻,解决之道便会显现出来。在焦点解决咨询会谈中,当事人可能会感到更积极、充满希望,并能发现自己达成所欲改变的能力。

六年级的男孩鲁迪被转介给我的原因是他无法控制脾气,这导致他会在学校及居住的拖车场中与人打架、相互咒骂。因为鲁迪的火暴脾气,他的母亲和继父受到被逐出小区的威胁。我们并未对他的脾气、咒骂、打架的肇因进行深度探索,而是聚焦于:什么时候,这对他来说不再是问题。这样的探讨,强化了鲁迪自我控制的能力。在几次会谈后,他的情况便改善了。

概念三:让你的介入有效率

有一个目标是,尽可能加快当事人进入咨询及离开咨询的速度。一般来说,治疗师花费许多时间,试图发现问题的起源与肇因;相反的,以解决为导向的咨询师,很快便聚焦于有效的解决之道。须避免让当事人长期依赖咨询师的解答。当事人需要的,可能仅仅是一个轻推,推动他们迈向自己的解决之道。在时间限制之下,咨询师处理议题的时间长度往往是被决定的。因此,在最少次数的工作中获得最大的效益,是至关重要的。

下面是一个有效率的干预例子。13岁的初中男孩德里克,目睹朋友因用22口径的手枪射击头部而受了重伤,他的朋友以为手枪装的是空弹。德里克为自己没有阻止朋友而感到很难过。事件发生的四天后,他寻求了咨询。仅仅在一次会谈中,德里克就得到了帮助且了解了后续的解决之道。这个解决之道本来就已经在帮助他了。他了解到,当他感到需要表达对于这个事件的感受时,他就去跟伤者和他的母亲谈话,这会是有帮助的。他也发现,有时候自己需要激烈的体能活动来发泄紧绷的情绪,因此,他去打了篮球。与德里克见面一次,辨识及强化这些他早就已经开始建构的解决之道,便能帮助他缓解对这个事件的压力。

概念四:聚焦于现在与未来

SFBC能协助当事人描绘出一个图像:当他们成功解决问题时,他们的现在与未来,看起来会是怎样?由此传递出一个清楚的讯息:咨询师相信当事人具有克服其逆境的能力。只有在寻找问题例外的过程中,过去的事件才会被强调。相较之下,传统治疗取向大多期待当事人探究与了解过去,并将此视为行为改变的前驱物。这对许多当事人来说可能深具淹没性,以致他们将过去视作为自我成长裹足不前的代罪羔羊。

相对来说,SFBC认为过去和现在是一个有效的工具,能协助发现一直被忽视的成功。这些先前未被辨识的成功,是未来成功的关键。有个案例是关于一名八年级的男孩詹姆斯的,他因为低自尊而被送来见我。他在八岁时曾从脚踏车摔落,差点死于头部的伤。对于我的提问,他需要花费比同龄孩子更长的时间来答复。他以一种缓慢的、深思熟虑的方式说话,常说我的问题很难回答。但是,只要给予他足够的时间,他是能够回答的。除了几科成绩为 D,他大部分的科目都不及格。他的咨询目标是"停止感觉自己很笨,希望有时能感觉到自己是聪明的"。聚焦于现在,我们探寻着他感觉稍微不笨,甚至有一点点聪明的时刻。对于上课分心,他提到,当在课堂上能让自己专心听老师说话时,他觉得是比较成功的,对自己的感受是比较好的。在一次会谈中,我问詹姆斯,在外面的噪音这么大,都传进办公室的情况下,他是怎么能够在我们的会谈中保持专注的。想了一下后,他展开笑靥回答:"我注视着你的嘴唇。"他将这个发现应用在教室里,在课堂中注视老师的嘴唇以防止自己分心。他还说到,当他放学后去图书馆做作业而不是回家时,以及当他请求在当日最后时段接受课业辅导时,他对自己的感觉都会变得比较好。詹姆斯确实进步了,他有好几个科目的成绩从 F 进步到了 D 或 C。他甚至第一次在科学测验上获得满分。据詹姆斯说,这些进步使他感觉到自己变得更聪明了。

概念五:聚焦于行动,而非洞察

儿童的认知发展,限制了他们洞察与理解问题的能力。洞察的发展需要长时间的投入,然而,当事人和咨询师往往缺乏时间。梅特卡夫(Metcalf)曾指出:"知道我们为何会如此,并没有带来解决方法。在当事人发现他们为何伤心、生气或害羞时,他们通常将这些原因视为未获得成功的症状和理由。"(1995, p. 19)历史上,心理学群体一直拥护的信念是:当事人需要知道他们为何会走到这一步。这样的洞察是改变所必需的。亚隆(Yalom)(1995)反驳了这个立场,因为他发现,洞察并非改变的前驱物。

以下的例子突显出一个重要的价值:锚定在行动上,乃胜于洞察。我与一名 12 岁的女孩蒂法妮工作,她因为持续和其他学生打架、与祖母和师长争吵且咒骂他们,而被转介前来。她处在一个边缘的地步:可能被转出尖子班,安置到有行为障碍的学生的班级中。蒂法妮之所以由祖母抚养,是因为她的母亲不要她。许多传统取向的咨询师会围绕在蒂法妮的敌对行为上寻求洞察,因为她的行为可能与母亲的拒绝有关。然而,由于蒂法妮的目标是改善与同学、师长、祖母的相处,因而我们将咨询锁定在:当她能够控制脾气时、能与他们相处即使是稍稍好一些的时候,她在做些什么(她的行动)。到我们的第三次会谈时,她改善了非常之多,也让学校不再考虑将她转入行为障碍的班级中了。邻近的小学还请她每周过去一次,指导一些有行为障碍的儿童。蒂法妮令人印象非常深刻。那所小学的老师后来请她每天都过去。据说,她的祖母也表示:"我更喜欢我的新蒂法妮了。"虽然蒂法妮的情绪仍有起伏,但是她的行为与人际关系,确实已有了显著的改善。

七、本章总结

SFBC 已显示成为一个有效率的咨询取向,能帮助学校咨询师和其他的专业者,为包含儿童与多元族群在内的当事人们提供有效的咨询。透过聚焦于解决之道而非问题的历程,咨询变得简短扼要。这对拥有极大个案量的学校咨询师及其他心理健康专业者而言,是一个十分理想的情况。强调当事人的优势与资源,将会建立他们的自信。

最后提醒你:当你开始使用 SFBC 与当事人工作的时候,你可能会遇到一些情况,让你离开 SFBC 的轨道,此时,你通常会转向你最熟知的方法,也就是你最常使用的那些咨询取向。但是,我希望这本书能帮你准备有效地处理 SFBC 会谈中可能会逐渐浮现出的阻碍，并协助你不会离弃焦点解决模式。

八、练习活动

下列练习将会帮助你体验到，从关注问题转移至关注解决之道，对当事人的影响为何。

以"问题"为焦点的问句

想一个最近使你有些困扰的问题。回答关于这个问题的下列问句：

» 这个问题是什么时候开始的？
» 什么是这个问题的可能原因？
» 这个问题有多常发生？
» 是什么让这个问题一直持续？
» 这个问题如何影响你的人际关系？

当你回答下列问句时，请注意前述聚焦于问题的问句对你产生的影响：

» 对于如何克服这个问题，你有头绪吗？
» 这些问句的回答能帮助你迈向问题的解决吗？

- » 当你想起刚才的经验,对于你的情况,你是感到更为无望,还是更有希望?
- » 你的回答能让你感到被赋能吗?

以"解决之道"为焦点的问句
同样想着上述的问题,回答下列问句:

- » 一般而言,有什么时候是这个问题通常会出现而没有出现的?
- » 当你没有这个问题的时候,什么是有所不同的?
- » 对于当时这个问题没有发生,你会怎么解释?
- » 在那时候,你又是怎么防止这个问题形成或发生的呢?

当你回答下列问句时,请你注意前述聚焦于解决之道的问句对你产生的影响:

- » 对于如何克服这个问题,你有头绪吗?
- » 这些问句的回答能帮助你迈向问题的解决吗?
- » 当你想起刚才的经验,对于你的情况,你是感到更为无望,还是更有希望?
- » 你的回答能让你感到被赋能吗?

请注意当你在回答"以问题为焦点"与"以解决之道为焦点"的问句时所经历的不同反应,并思考以下问题:

» 哪一种问句对你似乎较有帮助,是以问题为焦点的问句,还是以解决之道为焦点的问句?
» 哪一种问句使你感到更为被赋能?
» 哪一种问句可能提升你的自尊?

你的答案很可能会让你得出一个结论:焦点解决问句对你来说更有成效,也将会对你的当事人更有帮助。

第 二 章

设立目标

Setting Goals

为使 SFBC 有效地发挥效能,在会谈一开始,咨询师就需要与当事人一同开始致力于建构与发展所谓"良好设定的目标"(well-developed goals)。无论咨询师的理论取向为何,在初次会谈中是否确定出咨询目标,经常是对咨询是否有效的最佳预测。再者,咨询目标越具体且包含越多特定行为,当事人的进展就会越快。咨询目标必须是当事人将采取的一小步可观察的行动,而非当事人不会去做的行为或将停止做的行为。焦点解决取向也呼吁在咨询历程中邀请当事人想象一幅假设性的图像。在此图像中,当事人不再有前来咨询的问题。假设性的图像有如一个跳板,能引出当事人的目标及所欲行为的细节,且有助于其达成目标。这个邀请的技巧被称为奇迹问句(miracle questions)。奇迹问句是一个宝贵的工具,能帮助当事人看见他们的可能性。

本章内容包含如何开启初次会谈、向当事人解释SFBC历程、设立正向目标以及运用奇迹问句。本章结尾则指出建构出"良好设定的目标"的其他秘诀,并提供一个练习活动,让你直接体验奇迹问句与此问句所能发挥的影响力。

一、开启初次会谈:建立融洽的咨访关系并说明咨询历程

如同大部分咨询形式,SFBC咨询师于开场时也会进行自我介绍,并用几分钟来建立融洽的咨访关系。通过询问当事人一些和来访原因无关的生活问题,可以催化关系的建立。例如,你可以询问:"'说说你自己'……('你平常都如何度过你的一天?'是德·沙泽尔最喜欢询问的)"(Ratner et al., 2012, p. 49)。这类问句将能帮助你认识当事人这个人,而非认识一个"经常被转介的问题大王"(Ratner et al., 2012, p. 49)。

有些当事人或许会希望在进入正题前先抱怨一番。这种情形发生时,最好能让他们先倾吐一小段时间。你需以倾听、展现同理心、点头,以及说些什么来表明对当事人前来咨询的支持。

接着,你需要花一些时间说明你将在会谈中运用的理论取向,向当事人介绍SFBC这种短期咨询模式,并提醒SFBC的历程可能会如何不同于他们的预期,或迥异于他们在其他咨询取向中的会谈经验。你也可以帮助当事人做一些准备,让他们知道你将询问的一些问句是有难度的,你也会在会谈中做笔记,以及会谈后会有一段暂停时

间,让你有时间构思和撰写讯息给当事人。这些步骤的细节,本书稍后的章节都会加以说明。

对于会谈程序,你可以用下列方式介绍。

我想让你知道这个会谈将会怎样进行:我会询问你很多问题,有些问题听起来会有点疯狂,或者有点难以回答。(对于某些当事人来说,当得知问题会难以回答时,他们会感到其具有挑战性,从而兴趣大增。)在我们谈话时,我会对你的回答做些笔记,好让我在会谈结束时,可以把它们写成一段讯息给你。在写讯息时,我希望你也把在今天的会谈中所有的心得写下来和我分享。(依据孩子的年龄和技能发展程度,或可请孩子画一张图来取代文字的书写。画图的内容可为:当事情好转时,他/她那时会是在做什么。)在我把讯息写好交给你之前,我会念给你听。然后,我会将这份讯息以及你写给我的心得(或图画)都复印一份,让你带回去,这样我们两个人都会各有一份。

这样的说明能让当事人认识 SFBC 的会谈历程,也能让他们对于要回答一些困难问题时需要投入的努力,有一些心理准备。当事人在会谈中"卡住"时,你便可以再次提及这番说明:"还记得一开始时,我提过,有一些问题会是比较难以回答的吗?现在这个问题,就是其中一个有难度的问题。"毕竟你绝对不希望让当事人因为无法回答你的问题而觉得自己无能。因此,使用这样的方法将能避免这种情况的发生,同时还能建立起一种支持的关系。

二、发展正向目标

沃尔特与佩勒（1992）曾建议，在当事人坐定后，即可以一个能开启"目标导向"（goal-oriented）思维的问句作为咨询会谈的开始。拉特纳等人则建议使用"对于我们的会谈，你最大的期望是什么？"（2012, p. 31）来开启目标的讨论。我赞同拉特纳等人的建议，因为这个问句倾向于引导当事人思考会谈的成果，而非引导其阐述问题或过往的失败。如果你偏好以不同的问句来开启讨论，其他的选项包含："你来见我的原因是什么？"或"我今天可以怎么帮上你的忙呢？"

当事人被问及自己对咨询的期望或目标时，他们的响应常不出这八种类别：（1）正向目标，（2）负向目标，（3）希望他人改变，（4）症状，（5）不切实际的目标，（6）具伤害性的目标，（7）"我不知道"，或者（8）"我不在乎"。下列将针对这八种响应，提出一些可行策略，以能使会谈产生具体、包含特定行为的目标，并催化当事人的成功。

（一）正向目标

正向目标会指出可供观察及测量的行为，这样就会在当事人做出这些行为时，让他们知道他们的目标已经实现了。你可能从当事人口中听到正向目标，如："我想要改善成绩，希望你能帮助我厘清要怎么改善""我希望能与其他小朋友相处得更好""我需要快点摆脱老师的监控，这样我就不用再来这个鬼地方见你了"。这些一般性的目标，是以当事人"想要达成的事项"来陈述的，因此属于正向目标。

只是，当事人一开始说出的正向目标，大多不够具体且未包含特定的行为细节。但是,得知这些具体的细节是非常必要的,因其能显示当事人是否正在朝向他的目标前进。"当事人往正确的方向前进时,他们会做什么特定的事情"——引发这类的描述,能为当事人描绘出解决之道的心理意象提供其所需的细节。

参考下列几种问句,可以帮助当事人界定出为了达成目标,行为上所需要做的特定行动。

» "你觉得,当你在做什么事情时,便会让你知道,你已经在成绩进步的这个方向上了呢?"或者"当你看到你的成绩进步的时候,你将会做些什么事情,好让这种进步的情况能继续出现?"

» "当你跟班上的同学相处得更好时,你班上的其他同学会说你有什么不同? 他们会看到你是做了什么事情来使你和他们的相处变好的?"或者"当你跟其他同学相处得更好时,他们会注意到你正在做什么事情,而让情况能够如此?"

» "当你的老师看见你在做什么时,她才会知道,她不再需要监控你了?"或者"当老师不再需要监控你时,是你的什么表现让她不用再监控你了?"

当事人回答之后,运用"追踪问句"(follow-up questions)引发更多关于"当事情已经好转时,当事人又将会做什么"的具体细节——这个历程被称为"细节化"(detailing)。要施行细节化,便需要继续引发细节,直到当事人描绘出所欲行为的视觉图像为止。在这个过程中,如果你以"当……"(when)这个词语开启问句,便向当事人传达了鼓励的讯息,表示你相信他们会实现目标。这段探索将遵循一种模式:当事人对于追踪问句的回答,提供了形成下个问句所需的信息；而这些信息也会进一步引发一些相关说明，即对于当事人及其重要他人而言，这个目标的样貌为何。这样的探索顺序需要重复进行，直到你与当事人对于要达成目标、当事人所需要采取的行动，都产生了视觉图像，并能以具体的、特定的词汇描述出来为止。

进行目标的细节化时，你所询问的每个问句，都应采用当事人前面回答中的用语和字词，这将能确保你与当事人的参考架构保持同调。我与一名12岁男孩的会谈，便能突显出这一原则的重要性。这名男孩说，他因为在课堂上太爱说话而陷入麻烦。我回应道："所以你是因为与人互动太多，而陷入麻烦。"因为我以"互动太多"代替了"太爱说话"，他听不懂我在说什么，直到我使用他的说法"太爱说话"重复一次他的话，他才听懂。

若当事人已经用正向、行为化的词语界定出目标，记得要立刻记下这个目标，作为会谈结尾建构讯息时所用。同时，你要随时确认你所写下的笔记，是当事人使用过的用语或字词。

（二）负向目标

多数时候，当事人是以负向目标来响应咨询师的询问的，如以"某样事物的消失"来表述目标。不幸的是，会谈中出现负向目标的表述，比正向目标更为常见。通常，当事人会以下列两种方式来表达负向目标：（1）他们不想做的事情，或者（2）他们希望停止去做的事情。负向目标是很难达成的，甚至无法达成。对此，一个重要观点是：要让某件事情不发生，那么必须有其他事情代之发生。此中便存在着目标。

在当事人的目标是以"不想做某件事情"来表达时，请他们描述"那么，想要做什么"来"取代"（instead）。这种负向目标的典型表述方式有："我不想搞砸我的工作"或"我不希望我的情绪失控"或"我再也不想被勒令休学"。此时,最好能将"某件事情的消失"这种负向表述,重新建构为"另一件事情的出现或存在"的正向目标。在当事人表达出负向目标时,立刻运用下面的问句进行介入,以引发出可观察的替代行为:"如果你没有做那件事情,你会做什么不同的事情取而代之呢?"如此,便能将负向目标重新引导为正向目标。

关于将负向目标重新引导为正向目标的方式,请参考下列这则简短的对话。

咨询师 今天来,你希望我可以怎么帮你的忙?

当事人 当遭到挑衅的时候,我希望自己不要再情绪失控了。

咨询师 当你遭到挑衅的时候不再情绪失控,那么,取而代之,你会是什么样子?不再情绪失控时,你表现出来的是什么行为?

当事人 我会保持镇静。(正向目标)

咨询师 保持镇静,是当你遭到挑衅时你希望做的事情。那么,当你保持镇静时,你会做什么事情?你的哪些行为会让你知道你是很镇静的呢?(细节化)

有时候,当事人会以"希望不再做某件事情"来表达目标,例如:"我希望上课不再迟到"或"我希望不再与弟弟打架"。此时,请当事人界定出"他们想要开始做些什么"以取而代之,以将负向目标转为正向目标。回应的例句如:"那么当你上课不再迟到的时候,你会做些什么不同的事情呢?"或者"当你不再和你弟弟打架时,你会做什么事情来代替打架呢?"

下列对话即把负向目标重新引导为正向目标。

咨询师　你对我们今天会谈的最大期望是什么？

当事人　我老是因为迟到被老师在放学后留下来，所以我希望自己上课不要再迟到了。

咨询师　那么，当你上课不迟到时，你会做的是什么呢？

当事人　我会准时上课。（正向目标）

咨询师　所以，确保自己准时进教室，是你的目标。

当事人　是的。

咨询师　那么，你会开始做些什么事情呢？哪些事情能显示你正在朝准时上课的这个目标迈进？（对开始朝目标前进的具体细节进行细节化）

如前述例子所示，追踪性的介入问句提供了机会，让当事人了解他们需要做些什么来达成目标。目标包含越具体的行为细节，当事人就拥有越大的机会来达成目标。

（三）当事人希望他人改变

当问及当事人对会谈的期望时，他们常希望他人有所改变，或不再做某件事情。这意味着他人需要为了当事人的快乐而改变，以及他们希望咨询师能够帮忙让这种改变发生。这也暗示了当事人认为他人必须先开启改变，以及解决自己的问题是他人的责任，而非自己的责任。这简直就像是当事人在说："我会将所有造成我困境的人带进来，你可以咨询他们，然后我就会变好了。"

以下是这种希望他人改变的模式的具体例子："我不希望父母干涉我的交友选择""我希望老师不再找我碴""我希望朋友不再试

图把毒品塞给我"。对于当事人需要他人行为改变的陈述,咨询师可以使用下列问句,再次将焦点带回当事人的行为上。

» "对于你希望这个人改变,你觉得我可以怎么帮上忙呢?"
» "对你来说,这个人的改变怎么会是个问题呢?"
» "这个人的改变会给你带来什么不同?"
» "这个人能有所改变似乎对你来说真的很重要。其中的原因是什么呢?"
» "如果他们真的改变了,对你会有什么帮助?"
» "如果他们不改变,你又会做些什么呢?"

这些问句帮助当事人将他们的渴望再次建构为正向陈述的目标,将改变的责任交给当事人。

范例一:

咨询师　你对我们今天会谈的期望是什么呢?
当事人　我希望父母不再干涉我与谁交朋友。
咨询师　那么,如果你的父母不干涉你交朋友,对你会有什么帮助呢?
当事人　我会比较自在地跟我父母聊我在做的事情。
咨询师　所以,能自在地跟父母聊你在做的事情,是你希望发生的事?（正向目标）
当事人　对,我希望是这样,因为我们曾经可以聊个不停。
咨询师　那么,当你和父母谈话变得稍微自在一些时,你会做些什么不同于现在的事情呢?（细节化）

范例二：

咨询师　在今天的会谈中，你期望我们可以达成什么目标呢？
当事人　我希望你让我的老师不要再一直盯着我。
咨询师　对于这个情况，你觉得我可以怎么帮上忙呢？
当事人　我希望你帮我跟她说。
咨询师　当我跟她说的时候，我可以告诉她，她看到你有什么表现时，就可以不用再一直盯着你了？（细节化）
当事人　准时交家庭作业。（正向目标）

确定当事人"希望他人停止或不再做某事"的动机（motivation），让你能帮助当事人界定出潜在的正向咨询目标。

（四）用症状来表达的关注

当事人常以症状来表达他们关注的事情，例如情绪失控、抑郁、恐慌症、害怕失败等。实际上，当事人对症状的无效应对技巧，正可作为咨询的焦点。从当事人所呈现与症状相关的期望中，将能发展出目标。为了帮助当事人从症状中发展出目标，可以用界定出当事人希望做什么或感觉到什么，来取代其对该症状的经验，从而引导当事人对咨询目标进行概略性描述。接着，询问"细节化"问句，请当事人列举出，当他们走在达成目标的路上时，会做、会思考的事情是什么。以下范例演示如何将症状重新建构为目标。

范例一：

咨询师　你对我们今天会谈的期望是什么呢？

当事人　我很抑郁,但是我不想一直都这样。

咨询师　那么,你比较希望感觉到的是什么,而不是抑郁呢?

当事人　我希望对人、事、物能感到有希望。(正向目标)

咨询师　当你做些什么事情时,就会让你知道,你已经是比较有希望的了呢?(细节化)

范例二:

咨询师　今天来,你希望我可以怎么帮你的忙?

当事人　当我要考试时,我会十分焦虑,我可能因为这样考不及格。

咨询师　那么,当你要考试时,你希望自己是处于什么状态,而不是焦虑?

当事人　当我要考试时,我希望自己是镇定和自信的。(正向目标)

咨询师　那么当你要考试时,你做的什么事情会让你知道你是镇定和自信的?(细节化)

(五)不切实际的目标

被问及希望会谈能达成什么结果时,有些当事人会讲出不大可能发生的事情或办不到的期望:"我希望父母破镜重圆""我希望自己摆脱艾滋病""我希望我的朋友能复生"。不切实际的目标需重新被建构,以确认出当事人潜在的需求或目标。为达成此目的,可以先询问当事人这个不符实际的目标,对他们的意义或帮助是什么。下列范例演示了如何将一个不切实际或无法达成的目标再次建构成一个能满足当事人潜在需求或欲望的正向目标。

范例一:

咨询师　你对我们今天会谈的最大期望是什么?

当事人　我希望父母复合。

咨询师　让你的父母复合,对你的帮助会是什么呢?

当事人　我就能每天跟我爸爸说话了。

咨询师　所以能够每天跟爸爸说话,是你的期望?(正向目标)

当事人　对,我希望能那样。

咨询师　你觉得你做些什么,能让你每天都和爸爸说话?(细节化)

当事人　我会在上床睡觉以前,定一个时间打电话给他。

范例二:

咨询师　你对我们今天会谈的最大期望是什么?

当事人　我不希望自己是艾滋病阳性。

咨询师　这件事对你来说如此重要的理由是什么?

当事人　因为那样我就可以更自在地与朋友出去逛逛,就像以前一样。

咨询师　所以能更自在地与朋友出去逛逛,是你现在希望达成的事情?(正向目标)

当事人　我希望能那样。

咨询师　当你能跟朋友在一起时,你做的什么事情能显示你是更自在的呢?(细节化)

(六)具有伤害性的目标

焦点解决取向强调咨询目标必须是当事人的目标,而非咨询师的目标。但是,若当事人表达的目标是实现后会违背法律的、对自己或他人产生伤害的,或不符合他们的最佳利益的等,咨询师便不会赞成,即使这样的情况并不常见。这包含未成年当事人想要辍学,年幼的当事人想要生子，或者意欲伤害某人、毁损财物或逃家等目标。拥护道德伦理的咨询师和心理健康专业人员一定不会支持具有伤害性的咨询目标。

请记住，具有伤害性的目标通常是潜在目标或根本目标的征兆，反映出的是当事人满足个人生活需求的渴望。运用一系列寻找解决之道的问句，将能确认出这些潜在的需求或渴望，进而帮助当事人重新建构或界定出健康的咨询目标。下列范例将演示如何把具有伤害性的目标，转为有效的正向目标。

咨询师　你对我们今天会谈的最大期望是什么？
当事人　我想知道，我要怎么做才能被退学。
咨询师　你想要被退学的理由是什么呢？
当事人　因为我每科都不及格，而且我也已经不想再尝试了。
咨询师　那么，你是不是也是在说，如果你在学校能够更努力尝试且表现得更好，你就会更愿意留在学校里继续读书？
当事人　或许是吧。
咨询师　可不可以说，你的目标是：你想要了解如何在学校变得更努力且尝试表现得更好？（正向目标）
当事人　对，我想是这样子的。
咨询师　当你能更努力尝试时，第一个线索会是什么？（细节化）
当事人　我会做家庭作业。

这个范例示范了如何仔细注意到当事人所透露出的线索，并运用这些线索的讯息，将无效的或有伤害性的目标，重新导向为有效的目标。

（七）回应"我不知道"

当事人常是被父母、老师或其他出钱的大人送来见学校咨询师或心理健康专业人员的。如同前一章提及的，在这样的情况下，真正寻求改变的消费者是当事人的转介者，而当事人通常是不情愿、难以投入咨询的来访者。当你询问来访型的当事人目前的咨询目标为何，得到的回答常会是"我不知道"。听到这个回答时，许多咨询师会有"卡住"的感觉。运用假设性的"如果"问句——"如果你真的知道"——常会帮助非自愿的当事人发展出目标。表 2.1 的例子，即演示了这个技术。

表 2.1　帮助当事人设立目标的问句

目标问句	当事人回应	咨询师回应
你对我们今天会谈的最大期望是什么？	我不知道。	如果你真的知道……
你会在这里的原因是什么？	我一无所知。	如果你真的有些头绪……
你认为是谁送你过来的？	我想不到。	如果你可以想到的话……
你被某人送来这里的理由是什么呢？	这难倒我了。	如果你能猜出……
你妈妈会说，当看到你在做什么时，她就会知道你再也不需要来见我了？	这不在我所知的范围内。	如果这在你所知的范围内……

在我看来，使用假设性的"如果"（if）会使当事人不再因为要提供你想听到的"正确"答案而倍感压力。当你使用假设性的"如果"时，当事人大多会愿意确认出被送来见你的原因。在某些情况中，可能会需要持续重复"如果"的假设问句，才能厘清当事人出现在你办公室的原因。

在大部分情况中,使用"如果"的假设性问句时,甚至不用说出整个句子,只要说"如果你的确知道"或"如果你确实有些头绪"便已足够了。

(八)回应"我不在乎"

在相似的脉络下,你的当事人可能会在咨询中给出"我不在乎"的回应。这可能发生于 SFBC 取向的目标设立过程或咨询中的任何时候,特别是当你面对的是一位非自愿当事人时。当这种情形发生时,你可以运用假设性的语言来融入当事人,而避免让会谈"动弹不得"。下列范例将演示如何运用假设性的语言,帮助当事人确认出他在乎的理由。

范例一:

当事人 我不在乎。
咨询师 假如你确实在乎的话,你会做些什么事情呢?

范例二:

当事人 我不认为我在乎过那件事。
咨询师 假装你在乎的话——那接下来会如何呢?

范例三:

当事人 我真的从不在乎。
咨询师 想象你确实在乎的话,你会做什么不同的事情呢?

三、奇迹问句

在能让当事人投入于"解决式谈话"而非"问题式谈话"的目标设立阶段中,解决之道的种子便已经播下。基于下述三个目的,焦点解决取向会用到一个独特策略,即"奇迹问句"(miracle questions):(1)以具体、特定细节的语句来阐明目标;(2)创造出"没有这个问题时,当事人的生活看起来会是什么样子"的图像;(3)提供"心理预演"(mental rehearsal)的机会,以讨论当事人会做什么事来达成目标。多数时候,当事人回答奇迹问句时能创造出一个心理图像。当事人可以从中找到一些他们在真实生活中已经经历过的时刻,即使只是小小的成功事例。奇迹问句预备了 SFBC 历程下一步骤的进行,即第三章将会讨论的"辨认成功事例"。

德·沙泽尔(1990)当初之所以会使用奇迹问句,是因为他对一位当事人无法制定出明确、符合现实且能够实现的目标,而感到挫败。如今,对于焦点解决咨询师而言,奇迹问句已经成为一个极有价值的工具。奇迹问句典型的陈述方式为:

假设今晚在你安睡的时候,有一个奇迹发生了,这个奇迹解决了让你前来咨询的这个问题。可因为你在睡梦中,你并不知道这个奇迹已经发生了。当你早晨睡醒时,你会看到什么线索,而让你发现这个奇迹已经发生了?你又会注意到自己在做什么和以往不同的事情?

德·沙泽尔发现,这个奇迹问句,不仅使他的这位当事人可以发展出明确的目标,对其他当事人也很有效。要建构出明确的目标,奇迹问句是非常有帮助的,这让奇迹问句成为焦点解决短期治疗模式的代表技术之一。

若不使用奇迹问句,以下这类的假设问句也会很有效:"想象半年后让你来咨询的问题已经解决了,那时候的你会有什么不同,从而让你知道我们不需要再会面了?"在我最近在圣地亚哥州立大学组织的工作坊中,乔伊·埃斯特拉达(Joey Estrada)教授建议道,对于精通科技的当事人或可询问:"如果你的手机有一个魔法般的App(应用程序)可以让你今天前来咨询的问题消失无踪,你觉得在你点击了那个App之后,你是在做什么不同的事情?"

对于无法了解奇迹概念的幼童,或许能用以下这个替代性的问句,让他们了解你问的是什么问题:"如果有一个魔法棒,我用它在你头上挥一圈后,那个让你前来咨询的问题就这么消失了。这时候,你会看到自己在做什么不一样的事情呢?"

无论你怎么陈述奇迹问句,都要记得记下当事人对于这个问句的回答。这些记录在你在这次会谈结尾建构讯息给当事人时,将会特别有用。

(一)奇迹问句的回答不具体明确时,加以细节化并运用"循环关系问句"

如同咨询会谈一开始你询问当事人"你对我们会谈的期望是什么?"的各种反应一样,当事人回答奇迹问句时,答案也可能会相当模糊。此时,我们会运用类似本章前面所讨论到的策略,来探索当事人奇迹图像的具体细节,同时,也会运用一种称为"循环关系问句"(reciprocal relationship questions)的技巧。循环关系问句将能帮助当事人预想其他人会如何响应他的改变,以及改变所带来的涟漪效应。以下对话将演示如何细节化奇迹问句,以及如何运用循环关系问句。

当事人　如果这个奇迹发生了,我会在早上就醒过来,也会变得更快乐。

咨询师　当你更快乐时,你做的什么事情会让你知道你更快乐了?（细节化）

当事人　嗯,我猜我会笑得更多。我猜,我会用友善的态度跟哥哥说更多话。

咨询师　那当你在用友善的态度跟哥哥说话时,你的什么举动会让你哥哥知道你是在用友善的态度跟他说话?（更多细节化）

当事人　我早上看到他时跟他说"嗨",甚至还可能会问他,他今天有没有什么特别的安排。

咨询师　那么,如果这个情形发生的话,哥哥会怎么回应你?（循环关系问句）

当事人　他可能会告诉我他今天的安排,然后,我们会讨论一下我们共同会做的事。

　　依据前述的系列步骤,一开始被模糊表达的目标,已经被细节化为具体的行为描述。而循环关系问句,则能带出其他"会注意到改变发生的人"的反应,这将帮助当事人预见他们努力之后将产生的涟漪效应,而强化他们开启正向行动的渴望。通过将"当事人为了将目标落实,而会做的具体行为"加以细节化,当事人会重新发现已经被遗忘的可能,并随之产生希望感,而非无望感。

　　另一个例子是,若当事人描述奇迹为"我会好好学习",你可运用下列问句的其中一个或多个来跟进。

» "好好学习,那你看起来会是什么样子呢?"

- » "如果我把你做的事情录下来,你做的什么会显示出你正在好好学习?"
- » "你的父母看到你在做什么,会知道你正在好好学习?"
- » "你的老师们会告诉我说,你做的什么会让他们真的相信你是在好好学习?"
- » "如果我路过你们班级的教室门口,你做的什么会让我知道你正在好好学习?"
- » "如果你们班上的同学看到你正在好好学习,他们会说他们看到你在做什么?"

在这个阶段里,需要寻找和发展出包含特定具体行为的反应,以能产生类似影片的心理图像。举例来说,当事人可能会回答:"我会坐在我的桌子前面,我会注视着老师,我会写着笔记。"当事人的答案,为他们提供了心理预演,让他们看见自己正在达成具体的目标。

在试图细节化目标时,有时需要协助某些当事人描述出具体的行为。例如,一位当事人的目标是希望能学习如何在课堂上专心,此时,他可能不清楚要如何描述实现该目标的行动。为了帮助当事人得出一个更细节化的描述,你可以询问:"那么当你专心时,你的眼睛、脚或手会是在做些什么?你的大脑又是在想些什么呢?"

(二)对奇迹问句的回答,是办不到或不大可能发生的事

如同会谈前面设定目标的阶段,当事人对于奇迹问句的回应也可能是一个办不到或不大可能发生的情景。他们可能会希望已逝的亲人复生,或者希望已搬离的友人回来。他们明白咨询师对于改变

现状是无能为力的。但是,如果有奇迹发生的话,这就是他们想要的答案。这些愿望背后其实常是当事人的失落。发现潜在的需求,能够帮助当事人将办不到或不大可能发生的愿望重新建构为符合实际的目标。下述问句将能协助当事人产生一个更符合实际的目标。

» "这件事对你深具意义的原因是什么?"
» "这件事对你来说为什么这么重要?"
» "那样会使你有什么不同?"
» "你最怀念的是什么?"

在当事人希望已逝亲人复生的例子中,对话或许可以这样进行。

咨询师　如果这个奇迹已经发生了,什么样的线索能显示它真的已经发生了?

当事人　我祖母仍然活着。我好想念她。(无法达成的奇迹)

咨询师　那么,从你的祖母过世以来,你真的很想念她。你最想念的是什么呢?(将问句进行重新建构)

当事人　每当我心里难受时,跟她说话,我都会觉得舒服很多,而且,她真的会倾听我说话。

咨询师　所以,当你心里难受时,可以舒服地和一个真的会倾听你的人说话,是你希望发生的事。(正向目标)

当事人　是的。

咨询师　什么讯号会让你知道,你正在舒服地跟一个人说你心里的难受?(细节化)

当事人　我会很放松。

咨询师　那么,如果你是放松的,你做的什么事情会让你知道你是放松的?（更多细节化）

当事人　我会坐在地板上,注视着对方的眼睛。

咨询师　如果你这么做,那个人的回应会是什么呢?（循环关系问句）

当事人　他也会注视着我的眼睛,用很温柔的声音说话。

（三）对奇迹问句的回答是"我希望他人改变"

当事人可能因为将他人视为问题,而希望他人有所改变。当事人也常常认为,在调整自己的行为之前,他人必须先做出改变。你需要帮助当事人了解"人际间的相互循环性"（reciprocity）。这个概念是指:自己的行为改变常会引发他人的行为改变。你可以将这个概念当作奇迹问句进行过程中的一部分,帮助当事人认识到自己是可以先行开启行为改变的。

希望他人改变,可能是当事人对于奇迹问句的一种回答。如同本章前面提及的,当"我希望他人改变"的情况出现于目标设立时,咨询师的回应可以是:"对于这个情况,我可以怎么帮上忙呢?"然而,在奇迹问句的脉络中,我建议采用以下的方式:"假设_____做出如你所愿的改变,你会怎么响应这个改变呢?"这样的回应被称为"反向循环关系问句"（reverse reciprocal relationship questions）,它是循环关系问句的一种反向扭转:不是询问他人会如何不同地响应当事人的改变,而是询问,假如他人实际上做了当事人奇迹中所希望的改变时,当事人会如何接着响应。通过帮助当事人了解"为了响应他人的新行为,自己的行为是会有所改变的",当事人将会领悟到他们自身的行为改变,也会让他人接下来做出改变。这也使当事人了解到,或许能通过改变他们自身的行为来改变他人。下述范例将演示出可以如何在这样的情况中继续使用奇迹问句。

当事人 你说"奇迹"。嗯,如果它真的发生的话,我的老师会开始公平地对待我,就像他对其他小孩一样。(**希望他人改变**)

咨询师 所以,假设这个奇迹真的发生了,老师现在对你就像对其他孩子那样公平了,那情况看起来会是什么样子?("**假设他们真的改变了**"**问句**)

当事人 当我举手的时候,他会点我回答问题。

咨询师 所以,如果你举手的时候他点你回答问题,你会开始做些什么不一样的事情?(**反向循环关系问句**)

当事人 我就不会在没经他同意时,在课堂上讲话。

咨询师 那么,你会有什么不一样的行为呢?

当事人 我会坐在座位上看着老师,或者闭紧嘴巴,写下老师所说的话。

咨询师 当老师看到你这样做的时候,你想他接着会有什么反应?(**循环关系问句**)

当事人 他可能会用对待其他小孩的态度来对待我。

咨询师 这是你希望发生的事情吗?

当事人 我当然希望。

咨询师 那么,真的做到你刚刚描述的这些事情,也可能会让你的老师做出改变喔。

帮助当事人看见他们自己先做出的行为上的小改变,会产生的相互循环因果,将能让当事人看见他人改变的可能性。

答案的细节化是很重要的。当事人的答案,必须引出"解决之道可以如何发生"的具体细节。运用假设性的他人观点,是发展出细节的有效方法。你可以运用以下方法介入:"那时,如果我在观察你＿＿＿＿,我会看到什么?""如果你的父母、老师和朋友注意到你＿＿＿＿,他们会怎么向我描述他们所看到的情况?"这些都是重要的细节,可以帮助当事人创造图像。当你与当事人进行如下交流时,当事人将会看见自己行为的涟漪效应。

咨询师 当你以面带微笑的问候来表达更友善的态度时,你姐姐的反应会是什么?

当事人 她会微笑,或许也会开始跟我谈话。

咨询师 那么,当那样的情况发生时,你接下来又会做些什么呢?

当事人 我可能会回以微笑,跟她聊聊我们之间的近况如何。

了解一个人自身的行为会如何导致他人行为的改变是很重要的。这与当事人常认为他人必须先改变的普遍观点形成了一个强烈的对比。如前所述,特别重要的是,当事人需要觉察到涟漪效应的存在——小改变会引发更大、更多的改变。了解这些关联性,将能帮助当事人看到更大的图像。如果当事人发现能通过自己先改变来带动他人的改变时,当事人往往会觉得是被赋能的。

四、"还有什么呢"问句

如果想要扩展当事人的奇迹图像,可以询问当事人"这个奇迹发生之后,还有什么会接着发生呢?"你可以运用同样的做法——

细节化与循环关系问句，来引发更多关于这个奇迹的行为细节。重复这个过程的步骤三或四次，将能帮助当事人开启更多扇门，扩展该问题不再存在时的生活样貌。这个过程的程序也能创造出更多情境，让我们从中挖掘出当事人的例外与成功事例。这是 SFBC 历程的下一个步骤，将在第三章讨论。

五、建构良好设定的目标：综述

如同本章通篇所述，发展出具体的正向目标，是有效目标的设立和奇迹问句的至关重要的核心。咨询目标需以"某件事情的存在或开始"（正向目标）来陈述，而非"某件事情的消失或结束"（负向目标）。良好设定的目标，会使用当事人选择的用语和字词，以具体、行为化的语句描述达成目标时当事人的行为细节。良好设定的目标，往往包含了小小的步骤或成就，所以是达成更大目标的基础。换言之，目标需要是可掌握的、可达成的，并避免让当事人感到沮丧、气馁或不堪重负。让步骤微小化，也能够让当事人辨识出微小的改变。相对来说，如果当事人拥有能带来显著改变的大目标，便可能无法注意到微小却重要的进展迹象；当事人对于大图像的注意力，可能会使他们忽视甚至掩盖过程中所进展的一小步。

一旦以正向词汇（而非"某件事情的消失或结束"）来陈述目标便可以接着运用"什么"（what）问句，引发当事人对正向目标导向行为的细节描述。接下来，询问"如何"（how）问句，以协助当事人可视化能助其朝向目标前进的步骤。这种问句能鼓舞当事人描述出他们可以采取的一连串行动，也能激发当事人产生一个类似影片的意象,从而捕捉到先前可能未曾设想过的可能性。下列例子示范了"什么"问句和"如何"问句的运用方式。

咨询师 所以你的目标是,当你跟朋友在外面时要守法。(**正向目标**)
当事人 是的,那是我想要做的。
咨询师 当你跟朋友在外面时,你会做什么,显示出你是守法的?(**使用"什么"问句来进行细节化**)
当事人 他们违法的时候,我就不会跟他们一起出去。
咨询师 你要如何做到这一步呢?(**使用"如何"问句来进行细节化**)
当事人 我会告诉朋友,我要走了,因为我不想做那些会让我惹上麻烦的事情。然后,我就会离开。

告诉朋友和离开等行为是可观察、可测量的步骤,能显示当事人正在达成目标的道路上。表2.2摘述的指导原则和问句,能帮助你发展出良好设定的目标。

表2.2 建构良好设定的目标

指导原则	问 句
以正向词汇(而非负向词汇)——某个行为的存在或出现,或某件事情的开始——来陈述目标。	如果你没有发怒,那么你会是在做什么来取而代之呢? 当当停止与父母吵架,你会开始做些什么来代替吵架呢?
使用当事人选择的用语和字词,以具体、细节化、行为化的词汇来描述目标(以"当事人会做什么事情"来表达)。	当你的态度是很成熟的时候,你会做什么来表现你是很成熟的呢? 你会做什么来你与父母相处得很好呢?
界定出当事人会如何朝向目标前进的步骤。	你会怎么做到? 你你怎么让它发生? 你要如何尽力达成它?

案例研讨：奇迹问句的使用

本书基于我实际的接案经验，呈现了多则案例来示范焦点解决模式的重要元素。下述即为其中一则案例。在此案例中，当事人苏是一名 13 岁的八年级初中生，正在进行咨询目标的设立。苏来见我的原因是希望自己能对母亲更坦诚，以改善她与母亲的关系；此外，苏也希望避免与朋友去做一些会让她惹上麻烦的事情。

咨询师　这是我要问你的第一个奇怪的问题。假设今晚在你安睡时，一个奇迹发生了。你早晨睡醒时，关于你和妈妈的问题就解决了。因为你在睡梦中，所以你不知道这个奇迹已经发生了。早上醒来，你会注意到什么线索、什么样的第一个小小迹象，显示这个奇迹已经发生了？

苏　　我妈妈或许会说："你今晚想要跟朋友出去和他们做点什么吗？"这是因为我周末对她撒谎了，所以她说她还要一些时间来信任我。如果奇迹发生了，她可能会说："我现在信任你了。"

苏对奇迹问句的回答着重在赢得母亲的信任，因此，需要让苏提供细节，描述出她将做什么事情来使得母亲信任她。

咨询师　当你在做什么事情时，便会让她（妈妈）能说出"她信任你"这样的话？

苏　　我必须靠自己重新建立起她对我的信任。我必须向她证明，我不会再离家出走了。向她证明，我能被信任，不会背着她做出一些事。

她的回答还是没指出行为细节,例如让母亲知道她会做什么事情。因此,重要的是,要探询苏会采取的行动细节。

咨询师　她要如何得知呢? 她会说,她注意到你的什么地方、你的什么行为,让她知道,你现在是可以被信任的呢?
苏　　　我会对她很坦诚。如果她问我问题,我会告诉她实情。

当事人一旦回应了行为的特定细节,便可以继续探询他对奇迹问句的其他回应。

咨询师　这个奇迹发生后,你妈妈还会注意到什么呢?
苏　　　她会从我的举动注意到,我已经有改变了。
咨询师　她会如何得知呢? 她会告诉我(咨询师),有什么已经改变了?
苏　　　她会说我的敌意已经没了,还有,我和她比以前更常待在一起。还有,我不会再要求她让我做些我早已知道她不希望我做的事情。因为我现在总是会强迫她:"拜托啦,妈,拜托啦。"所以,如果她说"不"时,我会接受她的拒绝。
咨询师　毫无疑问,这些事情全都会让她知道,她可以信任你了。那么,你还会看到什么事情出现了,让她知道这个奇迹已经发生了?
苏　　　我会花更多时间陪妈妈,当她对我说"不"的时候,我不会翻白眼,不会跟她争辩,而是会接受她的这个回答。
咨询师　所以,不翻白眼和争辩,那么,你会做的是什么呢?
苏　　　我会说"好的,没关系",然后,就继续做我正在做的事情。
咨询师　好的,有一点是,你会说:"好的,没关系";另一点你说你会

	做的事情是,你会花更多时间……陪妈妈。
苏	我们会一起坐着看电视,因为我以前总是躲在房间里打电话。我们会有更多共处的时光。
咨询师	你也会用说的,而不是用吵的。当她对你说"不"的时候,你会接受她的回答。这是什么意思呢?
苏	我会爽快地说:"好的,没关系。如果你不希望我去那里,这样你比较不会担心我的话,我就去其他地方。"我会爽快地接受它,去我可以去的其他地方。
咨询师	那么,如果你刚刚描述的这些事情全都开始发生了,你妈妈会如何回应你呢?
苏	我妈妈会感到很高兴。
咨询师	那么当她对你感到很高兴时,她对待你的方式,会有怎样的不同?
苏	她可能会解除对我的禁闭,让我做更多我想要做的事情。
咨询师	什么是第一个小讯号,让你知道这个奇迹已经发生了?
苏	我不会在屋里绕来绕去,对妈妈吼叫。我应该会说:"嗨,妈妈,你今天工作得怎么样?你都在做什么呢?你想做些什么事情吗?"然后,当妈妈要我去外面喂猫时,我会说:"好啊,我会去喂猫咪和小鸟,还会把狗狗带到外面。"我以前会说:"好啦,我又不想喂猫。"我甚至愿意叠浴巾,因为我是很讨厌叠浴巾的。她以前总是叫我赶快叠浴巾,而我都是在打电话或看电视,说:"不要,我不要帮你叠浴巾。"
咨询师	如果你做了所有这些事情,又会发生什么呢?
苏	我妈妈大概会说:"你发烧了吗?"然后,她会开始再次信任我,又可以让我跟朋友出门了。

六、本章总结

SFBC强调建构出良好设定的目标,即以具体的、行为化的语句描述出细节的目标。透过询问能显露出解决之道的问句,将能进一步促进目标的发展。SFBC取向中,奇迹问句是个很关键的假设性问句。奇迹问句给予当事人一种机会,让他们想象"问题不存在时,生活会是什么样子"或"如果他们达成目标了,生活会是什么样子"。

七、练习活动

练习一:练习将一个不明确的目标,加以细节化
回应下列例句,以引发当事人的目标细节。

A. 当事人:"我想得到更好的成绩。"
咨询师的细节化回应:＿＿＿＿＿＿＿＿＿＿＿＿＿＿

B. 当事人:"我想做会让父母引以为荣的事情。"
咨询师的细节化回应:＿＿＿＿＿＿＿＿＿＿＿＿＿＿

C. 当事人:"我想要有更多朋友。"
咨询师的细节化回应:＿＿＿＿＿＿＿＿＿＿＿＿＿＿

可能的答案,可参见附录A。

练习二：体验奇迹问句

想一个最近困扰你、你希望可以停止出现的问题，回答下列关于这个问题的问句。

» 你希望看到自己做些什么来取代你目前正在做的事情？

» 假设今晚一个奇迹在你安睡时发生了，你没有意识到这个奇迹已经发生。但是，当你睡醒时，你之前面临的问题已经不存在了。你会注意到自己在做什么和以往不同的事情，而让你知道这个奇迹已经发生了？

» 谁会第一个注意到你不同以往的行为？

» 当他们注意到你不同以往的行为时，他们会如何回应你？

» 对于他们的回应，你又会怎么回应他们？

回答这些问句，你会体验到 SFBC 历程中奇迹问句系列探讨的一部分。第三章将要描述的是使用奇迹问句后的步骤：界定成功事例、进行评量以及建构讯息。

第 三 章

发现与建构解决之道

Discovering and Counstructing Solutions

　　在会谈中,一旦发展并扩大当事人对于成功的假设性图像后,下一步要继续探询的是:部分奇迹已经发生的时刻。对于生活中的不如意,当事人往往会很快注意到,但却难以觉察到那些至关重要的成功事例。解决之道常容易被人忽略,当事人也常难以辨认出困难的例外之处。SFBC历程的下一步骤,即企图引发当事人关于曾经成功的记忆,即使只是微小的成功。"成功事例"(有时称为"问题的例外")反映出当事人目标已经(曾经)部分达成之处,以及当事人的问题较不严重或完全不存在的时刻。

　　将当事人的注意力导向成功的实例,是促成改变的有力工具。如同古特曼(Guterman)指出:"焦点解决治疗认为,若当事人能够界定出问题的例外并予以扩大,那么便能产生深刻的翻转——例外的思维将会成为一种原则与习惯"（2006，p. 73）。

为了发现与建构解决之道，咨询师应将当事人的注意力导向进展发生的时刻，即使是非常微小的进展。甚至在当事人提及他们难过稍减、伤心微弱、稍具生产性或微小成功的时刻，都暗示了解决之道的存在。当事人通常会忽视自己的小小成功或较无问题的时刻，因而这些正向事件便从记忆中淡出。"忽视问题而使问题滋长，忽视解决之道而使解决之道消逝"，这句话贴切地描述了多数当事人的经历。因此，积极发掘当事人先前重复使用但却未被辨认的解决之道，是咨询师与当事人极重要的任务。

焦点解决咨询师坚信，所有当事人都曾经历过那些没有遇到问题，甚至是成功的时刻。请想想那些致力寻求以健康生活方式取代依赖毒品生活的当事人，他们产生吸毒冲动但克制自己不吸并忍耐到下一个小时，这样的情况即使只发生了一次，也是个能重复再现的解决之道。在当事人回答"你是怎么让那一次的经验发生的呢？"的问句时，将能认识到自己的资源与优势，如此，他们便会被赋能。接着，咨询师即可用振奋式引导，给予当事人支持与强化，赞赏他们的努力。

本章将深度讨论"辨识成功事例"的重要性。成功事例意指当事人达成部分目标的时刻，即使成功事例在当时并未被辨认出来。本章也将介绍"心灵地图""振奋式引导"以及"标示地雷区"等介入方法的要诀与工具，来帮助咨询师探索事情好转的时刻，以及了解当事人是如何使之发生的。本章还包含如何使用评量来建立基准点与测量进展，以及如何运用讯息的撰写来有效强化进一步的正向改变。本章结尾则提供一个机会，让你针对第二章结尾练习活动中所选择的问题，练习成功事例的界定及评量的使用。

一、发现尚未辨识的解决之道：成功事例

从会谈开始一直到这个阶段，咨询师已经向当事人传达了一个强烈的讯息：你信任他们由自己去界定自己的目标；你也相信他们有能力构想，当他们朝向目标迈进时，他的生活会是什么样子。接下来的这个 SFBC 步骤，当你运用它时，传递出的则是"当事人已经使奇迹的某部分发生了"的概念，而继续传达着你对当事人优势与能力的信任。因此，咨询师需要仔细倾听当事人的意见，从当事人的用语和字词中，捕捉到那些暗示着对当事人有效事物的地方，即使只是略微有效。更重要的是，你必须训练当事人关注自己的成功之处而非种种失败。例如，在所有学科中只有一科及格的当事人，在那个及格科目中，就显现出某些成功的讯号。要跟上解决导向理论取向，你需要专注在这位当事人及格的科目上，以及当事人是怎么让这科及格的事实发生的。此外，一些科目成绩的稍微进步也提供了线索，将可能显示出让当事人取得成功的资源。

当事人的语言掌握着照亮这些微小成功（这些成功事例）的关键。"大多时候""几乎总是""有时候""通常"等词语，实际上都暗示了问题的例外。举例来说，"问题大多时候都在发生"暗示了问题至少有些时间是不存在的。聚焦在问题稍微不严重或着眼于失败没有持续发生的时刻，也将能凸显出可加以复制的成功经验。重新建构当事人对其处境的观点，将能帮助他们发现解决之道的存在。

当事人以症状（我很抑郁／寂寞／焦虑）来呈现关注之处时，上述这种聚焦于微小成功的策略是很有用的。当事人以症状来呈现关注之处时，询问当事人"有没有一些时候，这些症状应该会发生但却没有出现？"，当事人通常就会表示，症状并非总是发生。接着，你可

以询问:"那么,这表示,有些时候你是不抑郁/寂寞/焦虑的,跟我多说说这些时候的情况。"当事人对于这个问题的回答,便常会显现出他们的应对技能。一旦当事人认识了过去这些对他们有效的应对技能,他们便可以复制过去的成功,而减轻未来的症状。

如同其他咨询取向一般,咨询师应避免询问会被答以"是"或"否"的封闭式问句,也要避免询问以"是不是""有没有""能不能""可不可以"为开头的问句,因为这些问句将会限制当事人聚焦于例外的能力(例如:"有没有什么时候,是这个奇迹的某部分已经发生了的呢?""你能不能回想起这个奇迹发生过的时刻,即使只发生了一点点?""可不可以请你告诉我,这个奇迹曾经发生的时候?")。这一类的措辞有两个缺点:其一,此问句创造出可被简略答以"不"的封闭式问句;其二,此问句暗指了可能有奇迹发生的时刻,但也给予了可能没有发生的暗示。结果,你失去了一个传达出你对当事人达成目标所具有的能力的信心的机会。

一个最为有效的方式就是在问句中复述成功事例,表达你对部分奇迹已经发生的预设。这样的提问方式,将能帮助当事人延展心智而察觉过往的成功。你可以运用如下的介入方法,我称之为"何时"(when)问句,传达你对成功的预设。

» "上次有部分奇迹发生了,是在什么时候?"
» "告诉我哪些时刻是这个奇迹的一部分已经发生了的,即使只发生了一点点?"

请确保在当事人描述成功事例的当时,写下笔记。前章说过,你会在会谈结尾时,运用这份笔记撰写一则讯息给当事人。同时,本章后面也将提及,成功事例的信息是你希望包含在讯息中的一个重要成分。

下列案例说明了成功事例的发现过程。玛丽亚是一名10岁的小学五年级学生,她一直很担心她母亲的住院情况。她的母亲被诊断患有双相障碍,其情绪的起伏吓坏了玛丽亚。由于经常想着母亲的事,玛丽亚的学习表现变差了。玛丽亚的咨询目标是希望可以用比较愉悦的思绪取代自己的负向思绪。在探索玛丽亚具有愉悦思绪的事例时,她提及当想起骑脚踏车、与妈妈和朋友玩游戏、在学校阅读书写等时候,她能够切断负向思绪,并能有较为愉悦的思绪。当玛丽亚提及此,这个会谈的焦点便立即转移到她这些可以切断负向思绪并随之开启正向思绪的时刻。辨认出这个重要的成功事例帮助玛丽亚记起她是如何帮助自己让这件成功事例发生的,使她回忆起自己是如何将自己的思绪从担心妈妈转移到运动、音乐和学校的。从而确认了一个在她需要时便可加以复制的资源。

在指认出成功或成就事例后,会谈接着应将这些例外经验的具体行动予以细节化。帮助当事人回忆起相关资源的特征,将能激发当事人的成就感。

要界定出例外,咨询师的耐心与推进或许是必要的,因为一些当事人可能会表示"我不知道"或声称"我不认为它曾经发生过"。咨询师或可这样表示:"在你快速回答我之前,现在,再想一下,那件事情什么时候曾经发生过,即使只有一小部分?"有时候,使用一种我称为"微观检视"(microscoping)的技术,能使当事人回忆起曾发生但被其所忽略的事情。聚焦在"最近"可能发生过的事情,常是很有帮助的。例如,那一周、那一天或那一小时发生的事。此外,咨询师也可以用口头的方式,很快地向当事人回顾一次你所记下的他们对于奇迹的描述，这样的分享将促使当事人更容易从中提取出问题的例外。

马克是一名六年级的男孩，因为经常在学校违反校规且其学科未能及格，而有了麻烦。他的咨询目标是开始遵守校规并改善成绩。当被问及奇迹已部分发生的时刻，马克回答："这个奇迹没有发生过。"于是便引发了下列对话，这段对话示范了微观检视的运用。

咨询师　告诉我关于这些情况曾经发生的时候，就是在你能够去做老师要你做的事情的时候。

马　克　我不记得有任何时候有这样的情况发生啊。

咨询师　现在来想想看，马克，想一下下。今天呢？今天有什么时候是这种情况发生了一点点的？（微观检视）

马　克　（停顿了一下）嗯，我猜发生了一点吧。今天我们要离开图书馆的时候，老师要大家排成直直的一队来走，我照做了。

咨询师　那跟平常是不一样的吗？

马　克　噢，是的，我通常会在置物柜那边一直跳上跳下的。噢，对了，今天我在学生餐厅奔跑，但在学生餐厅奔跑是不行的，所以老师叫我回来，我就回去了，而且是用走的。

咨询师　那对你来说，跟平常是不同的吗？

马　克　噢，是的，我通常会继续跑，也不会回去，然后他们就会生气，会来追我，然后我就被惩罚了。

马克起先无法想到任何成功事例，然而在经过持续探问后，他便能发现与辨认出奇迹已经发生过的时刻。聚焦在当日的事件，让马克界定出两起成功事例。

二、通过辨识已有资源赋能当事人

成功事例一旦被界定,当事人便可以接着发现他们是如何采取相关的步骤走向奇迹的。在当事人了解到自己是如何使改变发生的同时,也发展出了一张"心灵地图",向他们显示达到目标的路径。

(一)发展心灵地图

"心灵地图"(mindmapping)是指个体所发展出的能引导其达到目标的相关行动的系列看法,就如同一张能指引当事人抵达目的地的地图。心灵地图的建立,需依赖于"当事人何时产生了成功"的行为事例,进行回忆与强化——即使只是一个小小的成功。心灵地图将创造出一种关于"什么是有效的"的思维印记。心灵地图试图强化一种最终会创造出"生产效益习惯"(productive habits)的思维模式,使当事人能将成功解决先前困难的行为习惯化。在当事人认识到自己的资源、责任与优势时,他们会感到被赋能,能为自己负责。以下范例说明了将心灵地图发展为解决之道的若干介入方法:

» "你是怎么做到的?"

» "那个时候跟平常有什么不同?"

» "那时你是做了什么,而让它能对你产生效果的?"

» "你会如何解释这些改变的发生?"

» "那真是有很大的不同。你是怎么让这样的改变发生的?"

» "那时你有什么不一样的想法?"

» "你是怎么做这件事的?"

心灵地图问句,有时候并不容易回答。如果你得到的回答是"我不知道",你可以用"如果你真的知道"来处理。如同第二章所述,询问"如果"问句将能减轻必须想出正确答案的压力,从而给予当事人一些自由的空间来探索可能性。耐心地持续重述"如果"问句,常会催化出一些答案,从而让当事人从中发现如何达成目标。

(二)"接受拥有权"的介入方法

有时候,当事人无法认可自己在成功上所扮演的角色,而将他们的成就归功于其他人。为帮助当事人接受自身成功的"拥有权"(ownership),你可以通过以下问句来帮助当事人认可自己在实现成功过程中所扮演的角色。

» "我打赌你之前也有被告知过要这样做,但你之前没有改变。所以这次跟以前是有什么不一样的地方吗?"
» "所以,你也常常听到老师/父母/校长/老板这样说,过去这些话好像左耳进右耳出。但是,今天却不同了。你这次是怎么能够听进去并决定去做的呢?"

以下范例描述了协助当事人接受拥有权的介入方法。

咨询师　告诉我你的一次经历:你本来不打算做家庭作业,但是你后来还是做完作业了。
当事人　上周有一次我本来要跟朋友去打篮球,但是我后来决定在跟朋友出门以前,先留在家里做作业。
咨询师　你是怎么做到这件事的?是什么样的努力让它发生的?

当事人　我妈妈叫我最好要做作业,否则我将来不会有出息。(在这样的解释中,当事人将这个成功事例归功于母亲)

咨询师　嗯,我打赌你之前就听妈妈说过这些话了,不是吗?(提高接受拥有权的介入方法)

当事人　是的!

咨询师　但那个时候你还是没有做作业?

当事人　是的!

咨询师　那么今天是很不一样的。是什么让今天妈妈的这番话对你来说有了不一样的效果呢?

当事人　我下定决心说,我要让自己和其他小朋友一样聪明,所以我一定可以做到。

咨询师　所以,这对你来说是一个新的决定。你这次是怎么做出这个决定的?

当事人　我就告诉我自己啊,我想要及格、要升上七年级,所以我做了我的作业。

这个介入方法帮助当事人了解:他才是让自己成功的一个主要因素。

(三)振奋式引导

"振奋式引导"(cheerleading),即以赞美来支持与鼓励当事人的成功。学生们特别喜爱自己的成就能获得别人的肯定与认可,尤其是那些需要咨询的学生。他们的世界充满着别人对其问题行为的强调与评论,学校内外皆是如此。发现当事人好的、正确的地方,并让他们知道,将会扩大他们的视野并提升他们的自尊。任何成功或问题的例外，无论多么微小，都需要获得辨识与承认。你可以采用以下方式来进行振奋式引导。

» 改变你的音调以传达出热忱，显示你有多为当事人的努力所感动。
» 在当事人尝试新行为时，表达出兴奋。
» 表明你对当事人的成熟想法或行动相当印象深刻。
» 对当事人创造性的想法或决策，表达出惊叹。
» 对当事人坚持新行为、不轻言放弃的付出与承诺，表现出你的欣赏。

要小心不以施恩、高姿态的态度来对当事人进行振奋式引导。你说的话需要发自你的真诚内心，这是很重要的；否则，你的评价会显得言不由衷，而抹杀了截至目前在会谈中所产生的效果。振奋式引导的语句中包含了给予赞美的特定原因时，将更具有真诚性。你可以运用"因为"（because）这个词语来镶入赞美的理由，例如：

» "哇！你是如何能努力做到……因为那件事情显现了你的勇气。"
» "你能够……真是太了不起了，因为那显示出你有多么成熟。"
» "我对于你是如何……真的印象十分深刻，因为那意味着你能够做出很棒的决定了。"
» "你是怎么能想出这个办法的——因为大部分你这个年龄的孩子是无法做到的。"
» "你是说你才11岁吗？我印象好深刻，因为你像一个14岁的孩子一样去思考。"

» "你是如何有这些想法的——因为大部分你这个年龄的孩子是不能想得那么清楚的。"

» "在这些情况下你能保持镇定,真的是太神奇了,因为大部分的人是会手足无措的,可是你并没有。"

类似上述这些评论将能强化当事人对这些成功的尝试,进而鼓励他们重复这些努力。

下述是与苏会谈的片段。苏是第二章中提及前来会谈以改善与母亲关系的13岁女孩。以下对话示范了成功事例、心灵地图、细节化、振奋式引导以及循环关系问句。

咨询师 嗯,你真的想出了一些好主意,你真的做到了。告诉我一些这个奇迹的某些部分已经发生的时刻。(**成功事例**)

苏 昨天晚上。

咨询师 真的!跟我说说那个情况。(**细节化**)

苏 我正在玩任天堂游戏时,我妈妈叫我:"我可以打断你一下吗?"然后我说:"好啊,当然。"然后她说:"你可以很快地帮我喂一下猫吗?"我就说:"好啊,当然。"因为她好像是在叠毛巾和煮晚餐。我走进去的时候,看到她在叠毛巾,锅子在沸腾,我说:"好,我会帮你做。"她说:"你确定吗?"我说:"是的。"

咨询师 嗯,是什么让这件事情发生的?因为通常你是不会做这件事情的。(**心灵地图**)

苏 嗯,我不知道。或许是因为我希望我跟我妈之间可以相处得好之类的。

咨询师	你真的很有想法呢，因为你明白了如果你和妈妈合作并帮助她，你和妈妈会相处得更好。（振奋式引导）
苏	嗯。然后有一天她问我，我房间里面有没有脏衣服。我说："有。"她说："你可以帮我把它们拿出来吗？"结果我竟然就说："不，现在不行。你为什么不自己进来拿？"没有啦！我是说："好啊，当然，我会把衣服拿出去。"通常我会说："不要，我不想拿。"
咨询师	天哪，你做到了，你完全没有跟她争吵，我印象好深刻，因为那显示了你真的很希望可以和妈妈相处得很好，也为这个目标做了努力。（振奋式引导）
苏	没错。我甚至没有说"等一下"，所以她也不必提醒我或说什么其他的话。
咨询师	哇！你那样做的时候，她是怎么响应的呢？（循环关系问句）
苏	她说："噢，谢谢你，亲爱的！你真的帮了我很多。"然后她好像还说："你感觉还好吗？"
咨询师	（笑）那个反应表示她很兴奋。
苏	像她叫我停止玩任天堂游戏去喂猫的时候，她也是说："你感觉还好吗？你为了我而停止打游戏。"
咨询师	那么当她那样说的时候，你是怎么响应她的呢？（循环关系问句）
苏	我说："是的，妈妈，我觉得还好，我真的想试着帮助你解决一些事情。"
咨询师	你告诉她你真的想帮助她解决一些事情？
苏	嗯。

成功事例暗示了解决之道是存在的。心灵地图照亮了这些时刻，帮助当事人认识自己的资源；此时应加上振奋式引导，强化当事人的正向想法与行动。同时，心灵地图和振奋式引导会成为富有力量的工具，帮助当事人带出解决之道。

三、评量基础点与进展

咨询领域中存在一个难题，即如何评量咨询成果。SFBC 常运用的"评量"（scaling）提供了一个可以量化当事人进展的方式。运用评量，当事人以 0 到 10 分来评量自己：在与他们目标相关的程度上，0 分是指事情状态是他们经历过最糟糕的时候；10 分则是指奇迹发生的隔天，他们来咨询的问题已获解决的时候。评量是 SFBC 历程的一个关键要素，能达到几个目的：在初次会谈中，评量提供了基准点，对于目标的达成，界定出当事人认为自己正处在什么位置；在后续会谈中，评量则可作为进展的测量工具。同样重要的是，当咨询师询问："当你从量尺上升 1 分时，你将会做什么不一样的事情呢？"评量为询问当事人可以做些什么来获得改善建构了一个基础。

对于较年幼的儿童来说，可以将评量的过程稍做调整。由于 5 到 7 岁的儿童对于分辨数字可能尚有困难，咨询师可以试着采用的是选择范围更小的量尺；或者，也可以运用系列性的十个表情图案（底下标有数字），一端是明显的愁眉苦脸，另一端则是灿烂的笑容；此外，也可以直接使用一把约 30 厘米的尺来进行评量。年幼的儿童往往需要较为可视化的协助，因此可运用类似上述的道具，让他们更容易界定出他们的评分。

无论对当事人还是咨询师（或治疗师）而言，评量都是焦点解决历程一个非常有价值的环节。一位心理健康机构的心理学家指出评量具有下述益处。

家长喜欢量尺，这样可以让他们知道治疗是有尽头的，也可以让他们真切地了解到，他们在往何处前进着。

孩子也很喜欢量尺以及清楚的目标。我常常询问已经接受治疗一段时间的孩子：他们为什么在这里？他们正在为什么而努力？很多时候，孩子显然是不知道答案的。问题与目标常常是由家长以大人的观点来谈论的；孩子常常不太知道，甚至是完全不知道治疗的焦点究竟在何处。此时，如运用焦点解决方法，孩子便能得到聚焦点。（E. Jackson, e-mail, January 16, 2014）

（一）测量基准点的评量技巧

在建立目标、询问奇迹问句、界定成功事例、发展成功路径的心灵地图以及进行振奋式引导之后，SFBC 历程的下一步是运用评量来建立基准点，并指出对于目标的达成，当事人认为目前自己的位置在哪里。当你请当事人以 0 到 10 分的量尺评量自己时，当事人评出的基准点分数通常会高于 0 分；常见的分数是 2 到 4 分。当当事人能开始界定出以往不被承认的成功之处时，咨询就已经给当事人带来改善了。任何高于 0 的评分，都暗示了事情曾经更糟，而现在某些部分已经有好转了，即使只有一点点。界定当事人是如何让情况能够发生好转，能暗指他们已经可以取得的解决之道，也能赋能当事人去认可自己的资源。你可以询问当事人以下问句，以引发解决之道的浮现：

» "所以你是在 2 分的位置——你是如何达到 2 分的呢?"
» "你做了什么让自己可以到 3 分的位置呢?"

运用细节化、循环关系问句以及振奋式引导,来引发特定细节并强化正向行为。

在当事人表示处于 0 分的罕见情况中,将焦点放在以下情况上。当事人出现在你的办公室中,这反映了当事人期望让事情好转。咨询师可以提醒当事人前来咨询是正向的一步,因为这表示了他愿意尝试。例如,当事人是如何在这样看似很绝望的情况中,仍然决定来见你的?当事人是如何努力起床、梳洗更衣,而能在早上在你的门前露面?这些行动诉说了当事人对于改善事情的渴望。你也可以询问当事人,是什么给予了当事人"是可能有希望能解决困难"的想法。或者,询问当事人为什么不是负 1 分——当事人如何能够继续努力地保持现况?询问情况为何没有比现在更糟,是暗示当事人所拥有的应对能力。当事人用以度日的应对策略,实际上正是需要加以发展的解决之道。

咨询师要确保记下当事人界定出的数字,以作为他们在量尺上的基础点数字。在你询问当事人"当你在量尺上提升 1 分时,你会做什么不同的事情?"时,也一样要记下当事人的回答。这些信息在会谈结尾要写讯息给当事人时,将能派上用场。

(二)提高量尺位置的介入方法

咨询师邀请当事人在 0 到 10 分的量尺上评估自己目前所处的位置,并且讨论他们如何使之发生以及相关行动的循环影响之后,咨询师就要鼓励他们探讨朝向进展的一小步。可以询问当事人,当他们在量尺上升高 1 分的时候,他们将会做什么不同的事情。由于采取小步伐将会增加实现终极目标的机会,咨询师应帮助当事人界定出现实上可以达成的、前进 10% 的样貌为何。所有先前的步骤——以正向的方式界定出目标、探索奇迹问句与假设性的解决之道以及界定出成功事例与问题的例外——都预备了当事人进行解决之道的思考,以使当事人能更容易地预想进一步的成功。

为鼓励进一步的进展,可询问当事人有预设性的"当"(when)问句。例如:

» "当你在量尺上提升 1 分时,那时你会是在做什么不同于现在的事情?"

» "当你在量尺上提升 1 分时,你的老师(父母、兄弟姐妹、朋友)会看到你在做的什么能向他们显示分数真的上升了 1 分呢?"

» "当你在量尺上的分数从 4 分移动到 5 分时,你会看到自己在做什么不同的事情呢?"

询问"当"(而非"如果")问句,传递了暗示进展定会发生的正向讯息。询问"当"问句,而非"你必须做什么事情"问句,也将会继续向当事人表示:你相信他们拥有取得成功的能力。当事人回答之后,记得运用细节化,来探索他们会如何为了自己而让这些改变真的发生。例如:

咨询师　处在 4 分,表示你已经找到一些方法让你和你老板的关系好转了。

当事人　是的，我的确认为那些方法有帮上一些忙。

咨询师　当你提升到 5 分时，你会做哪些不同的事情来让其发生？（提升量尺之介入方法）

当事人　当我的值班时间一到，我会确保自己已做好了开始工作的准备，而非只是刚刚进门而已。

咨询师　那么，当值班时间一到，你会做什么来显示出你已经做好开始工作的准备了？（细节化）

当事人　我会把我的东西收起来，然后站在我的工作台旁边。

四、标示地雷区：辨认与克服阻碍

当事人界定出他们如何能在量尺上提升 1 分后，下一个介入——"标示地雷区"（flagging the minefield）——将帮助当事人界定（标示）出实现目标的阻碍（地雷区）。对潜在阻碍的预期以及确认出当事人可能可以执行的处理方式，将能帮助当事人免于措手不及或因挫折而沮丧。这样做也能帮助当事人对前方的挑战做准备，并帮助他们现实看待面前的困难工作。

标示地雷区的一个方式是，回顾当事人曾经使用过的成功处理阻碍的策略。你可以运用如下问句来开启这个讨论：

» "你的计划听起来很棒。只是，我们都知道，有时候某些事情或某些人可能会妨碍你做你原本打算要做的事情。你觉得这样的事情，可能会如何发生在你的情况中，以及，你会如何处理呢？"

» "过去发生这样的事情时，你做了什么是有助于让你继续保持在轨道上的？"

» "你认为你可以做什么,好不让这些事情妨碍到你？"

五、以讯息来总结初次会谈

再怎么强调为当事人建构讯息的重要性都不为过。基于个人的经验以及其他运用 SFBC 的实务工作者的反馈,我知道跳过撰写讯息步骤的这个想法是具有诱惑力的。如果会谈进行了很久,而且你的下一位当事人已经在外等候,或者你那天的行程完全是满档的,省略此步骤,看起来好像是个权宜之计。然而,基于我的经验和其他心理健康专业者的观点,当咨询师将建构讯息纳入 SFBC 模式时,你将会获得更为显著的咨询效果。

一位临床心理学家的反馈强化了建构讯息的价值,她说:"会谈结尾时所提供的讯息具有令人惊奇的力量。我开始运用这个方法来与一些当事人工作,他们都对这些讯息紧握不放,还将它们放在皮夹里或总是把它们张贴在醒目之处。"她也描述到,对一位曾经有被虐待、药物滥用、惊恐障碍与双相障碍历史的当事人,讯息促进了她朝向目标前进。

我们进行了焦点解决会谈的初谈之后,当事人立刻将我写给她的会谈讯息拿给父母看。这促使他们进行了开放的讨论,讨论到他们看到了她的改变以及她对于他们支持的需求。她以前一直很害怕且卡在要以坚定的态度对待她的父母上,而讯息的存在让她能以一

种不具威胁性的方式来向父母介绍她的改变。(E. Jackson, e-mail, January 16, 2014)

如果你期望进行完整版的SFBC模式(包括纳入建构讯息的步骤),但又有时间上的限制,那么我建议你考虑运用本书第五章所呈现的SFBC模式精简版,来使你能具有足够的时间来撰写讯息。

给予当事人撰写的讯息能满足几个目的。首先是能提供给当事人一个具体的提醒物,包含提醒他们的优势、正向想法与行为,以及当事人已经做到的成功事例。这样的讯息将成为有助于当事人建立自信、强化正向行为,以及在两次会谈之间继续进步的有力工具。同时,你写给当事人的讯息也对你自己有所帮助,因为它能提供一个便利、快速的提醒物,提醒着你关于当事人的情况、目标、优势与资源,以及过去有效的事物。

建构讯息这个会谈要素是发生在SFBC会谈的结尾的一个环节,那时你会花几分钟回顾你的笔记、反思这个会谈,然后撰写讯息给当事人。讯息由三个部分组成:(1)赞美;(2)桥梁陈述;(3)任务。

要让当事人在这位咨询师反思及撰写的时段当中感到舒服,以及让你身为咨询师在这一时段内是具有生产性的,一些实务上的秘诀可以参考。在这个阶段中,你通常会与当事人一起留在会谈室内,你可以让当事人在你建构讯息的时候,也完成一份书写作业。你可以要求当事人写出心得,描述他们在今天的会谈中学到了什么,或者,写下他们会看到自己在做什么事情,是显示他们正在让事情在好转的轨道上的。对于较年幼的儿童,一个比较能运作的好方式是请他们画出奇迹看起来会是什么样子,或者,当事情好转时,他们会是在做什么。

当事人所准备的笔记或图画，对咨询师而言，是一个"对当事人来说，咨询在哪些方面取得了成功"的独特反馈来源。下面是一个15岁的高一学生在最后一次SFBC会谈的结论部分写给一位咨询实习生的心得。这份心得显现了当事人的讯息可以多么富有力量。

劳拉，

在我与你会面的时光当中，你让我可以说出我心中所想要的，让我了解到我的优点，也让我的生活大为改观。谢谢你帮助我了解到所有我已经做到的成功。在这样短的时间中，我的生活所发生的变化是如此之大。我想，我主要是觉察到：如果我想要被尊重，那么我必须要给予他人尊重。我从未想过这件事情，直到我来到你这里。我想，拥有我们这些会谈时光后，我的整个生命会从此有所不同。现在我拥有了更开放的思想，而且在你的帮助下，我知道我可以在任何事情上有所成就，只是我需要去尝试而已。我以前没有做过很多努力，但是我现在全力以赴。心理上，我已经改变了。我们会谈一开始时所设立的目标，我已经成功实现了。所以，再说一次，我极为感激这一切。

贝姬

建构讯息是SFBC历程中很重要的一部分。它对会谈中所发生的事提供了正向强化物，提醒着当事人自己的资源与优势，也能提供任务给当事人，让他们可以继续往目标的实现前进。

（一）运用你的笔记来建构讯息

如同第二章与第三章所说，在会谈中，你需要将可用来建构讯息的信息写入笔记。讯息中会特别指出对当事人的赞美。这些赞美是从当事人对目标的陈述、奇迹问句的响应、成功事例或问题例外的觉察以及评量的思考中所形成。让当事人观察到你只记下会谈中的正向事物、成功、优势与资源，将会推动他们继续去做对自己有用的事情。我注意到，有些当事人甚至会提醒你写下某些你可能还没在笔记中写下的正向事物。

书写笔记可能会令人分心，必须减少书写的时间，才能将分心程度降至最低。对此，我发现使用记录单是很有帮助的（这是我以前的学生金·麦金尼所发展的）。这张单子列出了 SFBC 模式的步骤，并留有空间让咨询师写下每一个步骤的内容（请见第四章的图 4.2）。

如同前一章所述，会谈一开始，咨询师就会介绍建构讯息的步骤，如此一来，在你宣布你需要几分钟思考今天的会谈、查看笔记并建构讯息时，当事人就不会感到讶异。以下是转换至讯息撰写阶段的典型做法：

嗯，我已经问完问题了。你有什么问题想要问我吗？还有什么其他事情是我需要知道，好能帮上你的忙的吗？如果没有，我需要用几分钟思考你讲的所有事情，也回顾一下我的笔记。这样一来，我就可以写一则讯息给你，让你可以带在身边。当我在写讯息给你时，我希望你也把你在会谈中的收获或者你认为是我们会谈中最重要的部分，以及你这么认为的原因，写成一份心得给我（可以请年幼的儿童将他们的奇迹画成一幅图，或者画出当事情好转时，他们会做什么）。然后，我们便可以在结束这次会谈之前，互相分享我们所写的内容。

有时，当事人可能会不情愿，甚至会拒绝写心得给你，这可能有各种原因。例如，当事人可能对于要清晰地书写、正确拼写或以文字来表达自己有困难。当这种情况发生时，你可以要求当事人以口语的形式来表达他们在会谈中的收获，而非以书写的形式来表达。接着，你可以写下他们所说的并诵读出来，然后核对这份内容是否代表他们想说的话。如果当事人同意你写下的内容确实代表他们想说的话，你便可以请他们在这份速记单子上签名，并给他们一份副本，就如同你对当事人所书写的讯息的做法一样。如果当事人反对以书写的形式来表达他们在会谈中的收获，那么就只有请他们将会谈中的收获告诉你。仅仅是将自己在会谈中的收获以口语的形式表达出来的这个行为，就会对当事人很有帮助。

如同本章前面所述，与小学阶段的学龄儿童工作时，我发现，请他们画出奇迹看起来是什么样子，将能帮助他们回顾会谈中的收获。在你念你所写的讯息给当事人听以前，你可与当事人讨论他所画的图。这张图画往往也显示了会谈对于这个孩子的影响。图 3.1 的例子呈现了一个 10 岁小学生所画的奇迹画作，画中显示她能够将更多愉快的想法"点击开来"，愉快的想法诸如参与运动、骑脚踏车与玩游戏，而非只是一直被母亲的健康状况所困扰，而阻碍她在家完成家庭作业或拥有愉悦的情绪。

图 3.1　一位小学生的奇迹画作

在你念出讯息之后，将你所写的讯息以及你从当事人手中收到的心得（或图画）都复印一份，然后给当事人一份复印件，并留一份在你的档案夹中。由于讯息援引了当事人的优势与正向特质，都是正向内容，多数当事人都愿意与自己重要的人分享这则讯息。在当事人将讯息展示给父母与师长看之后，父母与师长便能接触到孩子或学生的正向优点，而这些优点可能是他们原先所忽略的。讯息不仅能强化当事人的成功，也能帮助他人认识及认可当事人的长处。

（二）赞美

持续贯穿每次SFBC会谈的工作是仔细倾听当事人的优势与解决之道，并且积极寻找情况没有那么糟糕的时刻，即使只是一点点的不同或有效用之处。你的笔记里满满都是当事人所拥有的成功以及关于每项成功的具体细节；而赞美便是由你的笔记整理出来的。每则讯息中都应包含至少三项赞美，每项赞美都应包含当事人展现出来的特定行为细节。赞美就像种子，可以在讯息结尾以任务指派的形式，加以培育。下列是当事人所展现出来的可以作为赞美基础的特质。请记得，这些词语许多都是可以对调的。举例来说，"想法"与"决策"都可以是健康的、有生产性的成长性用语。

» 指出了勇敢、健康的冒险、妥协或有始有终的行动。

» 展现了优势、成长以及具有规划或挑战性的努力。

» 显示出忠诚、努力、坚持、奉献或热诚的承诺与投入。

» 反映出容忍、接受力、弹性、尝试或乐于助人的态度。

» 具有创意、正向、理性、敏锐或有洞察力的想法。

> 现实的、健康的、明智的或有效的成长渴望。

> 基于评估、后果、机会或选择而做出的决定。

> 成熟、聪颖、善解人意、同理或合作等特质。

下面的赞美节录自某则讯息的一部分，是要呈现给一名目前六年级成绩不及格，但想要及格过关以升上七年级的男孩。

讯息如下：

你想在学校做得更好的承诺和投入让我印象很深刻。你上周成绩的进步显示你有能力在学校表现得很好。在最近的小考里，你得到 A 和 B，证明你真的想要做得更好。你也知道可以通过每晚读书半小时，并在晚上十点前去睡觉来让你自己表现得更好。

你渴望取得更好的成绩，来让你对你自己的感觉变得比较好，这让我知道你真的很重视你自己、你的妈妈、你的老师们和你的朋友们。你也认识到，成绩能及格是很重要的，这样你明年才能跟同年龄的朋友们在一起。而你最近的成绩也证明了你是很聪明的，是可以做得到的。

这则讯息中的赞美，将学生自己在会谈中所说的话再次反映，以特别强调他走向目标达成方向的特定行为。

（三）桥梁陈述

桥梁陈述的内容链接了讯息中的赞美与任务两个部分。首先，赞美界定出解决之道，并打下了基础；接着，以这些解决之道为基础，桥梁陈述为后续要指派的任务部分提供了依据。桥梁陈述包含两个部分：（1）简短提及当事人前来咨询所想要获得的事物（目标）；（2）以一个简短的陈述来开启任务。范例如下：

» "由于你很渴望改善成绩（目标），我会力劝你……"
» "为了帮助你继续专注于准时上班（目标），请务必……"
» "为了你能在父亲对你吼叫时继续保持镇定，我建议你……"
» "因为你认识到了交朋友的益处（目标），……会很有帮助。"
» "由于你承诺的是要去上学而非吸毒（目标），你知道你需要去……"

关于前段提及的那名希望能通过考试升上七年级的学生，在给予他的讯息中，赞美后面可以接这样的桥梁陈述："因为你渴望能在学校表现得更好，也希望能因此对自己的感觉变得比较好，我建议你……"桥梁陈述即将"目标与解决之道"很自然地与"布置家庭作业或任务"进行联结。

（四）任务

讯息的第三个部分是任务，或称为家庭作业。相较于其他理论取向，这里的作业并不那么明确特定。整个咨询中，你传达了对于当事人能力的信心，相信他们有能力为自己的目标命名，也能够界定出实现目标时的生活会是什么样子。你强调了当事人让成功发生的能力以及这些能力如何帮助他们取得进展。基本上，会谈已转化为提升自尊心的一种推动历程，在此推动历程中展现了你坚信当事人拥有获取成功的能力。非特定任务的作业形态传递的清楚讯息是：信任当事人会以对他们而言最适合的方式来完成家庭作业。作业的非特定性也鼓励了当事人的创造力。如果你担心当事人在完成一项非特定任务时会有困难，你可以先就讯息中的赞美部分再次认可当事人的成功细节与其对行动计划的促进，这将有助于其完成任务。

在不同情况中可以布置的作业类型，如下面任务所示。

» 在当事人能够界定出成功事例或问题的例外时，指派给他们：（1）去做更多会令他们成功或令例外再次发生的事情；（2）注意并继续去做对他们有效益的事情；（3）去做在0到10分的量尺上，可以提升1分所需要做的事情。

» 在当事人对其目标不清楚、不情愿采取行动，或一直关注问题时，指派给他们：（1）观察情况比较好的时候；（2）关注问题的例外正在发生的时候；（3）专注于问题没有那么严重的时候；（4）注意当他们正在往正确的方向前进时，在做的是什么事情；（5）用一整天的时间，在那一天当中，装作他们的奇迹已经发生了。

» 在当事人不承认问题或无法想出咨询目标时，赞美他们的成功与正向部分，但是别指派任务给他们。

以下任务是给先前那名考试不及格、但有心想要通过考试的当事人的："注意从现在到下周我们再次会面之间，你成功做完作业的时候。尤其，请你特别注意，在你就要分心的时候，你是怎么让自己保持在轨道上前进的。"

至于前面提到的苏的案例，以下是我在会谈中所做的笔记以及之后我为苏写的讯息。

目标

我希望能与妈妈坦诚相对。

我希望能改善与妈妈之间的关系。

我希望能避免去做朋友叫我做,但我知道是错误的事情。

奇迹

妈妈会说:"我信任你,你可以跟朋友出门。"

对妈妈真诚,因为我不想伤害她。

我的态度会转变,我会合作,我会说:"好的,没关系。"

周末花更多时间陪妈妈一起看电视,共享时光。

接受她的回答:"好的,如果这会让你觉得比较好的话,那么我会做其他事情。"

态度会变得更好:"我会看着她的眼睛且不翻白眼。"

早上向家中的每个人说"嗨"。

喂猫咪和其他动物。

叠毛巾并自愿帮助妈妈。

对于问题的成功事例/例外

在玩电动时,被叫到的时候我就去喂了猫。

被要求拿出脏衣服时,我去拿了。

评量

3分,因为我周日跟妈妈说了话。

帮忙做了家务。

来这里与你见面,进行咨询。

当你在4分的时候,你会是在做什么呢?

我需要帮妈妈做更多事情,比如自愿帮忙清理鸟笼。

叠毛巾、在妈妈下班回家以前打扫客厅。

继续与咨询师会面。

跟妈妈交谈并对她坦诚。

从这些笔记,我建构出下面的讯息。基于教学的目的,我会加入"赞美""桥梁陈述"与"任务"这几个词,以辨别出讯息的不同部分。但是,在当事人实际收到的讯息中,这些词是不会出现的。

赞美

我对你多么希望能以负责任的表现来与妈妈建立信任和真诚的关系感到印象非常深刻。你对妈妈回应像是"好的,没关系"或"好的,我会做其他事情"是能向妈妈证明你是可以很配合的。

你也发现,直接的眼神接触而非翻白眼、向家人打招呼、帮忙做家务,如喂动物以及清洗衣服与其他家务等,可以向妈妈证明你的态度已经改进了。

你也认识到,寻求咨询师的帮助、与妈妈真诚地交谈以及在妈妈下班回家前打扫家里,会对你和妈妈之间关系的好转有很大帮助。你已经开始做到被妈妈要求时,会去喂猫和拿出脏衣服,这也表现出了你的进步。

同时你还知道,通过变得更容易合作、接受她所说的而非跟她争论,以及花更多时间与她相处来改变你的态度,可以创造你们更为正向的关系。这正是你非常希望的。你也明白了自己必须做些什么来使你在家的情况开始变得更好（如更友善地和家人打招呼、帮忙处理宠物的事情、自愿做些家务事），而且你也已经开始做这些事情了。

桥梁陈述

基于你想要让自己在家的情况变得更好的期待与承诺，我会建议……

任务

继续去做这些你已经开始做、对你有效的事情。同时，也请注意一下，当你在做什么事情时，量尺上的分数会上升至4分。

下列是咨询师在第一次和第三次会谈时写给高中生玛丽亚的讯息，以及她写给咨询师的会谈心得。玛丽亚的目标是有更强的意志力来拒绝毒品。

咨询师在初谈时写给玛丽亚的讯息

玛丽亚，

对于你渴望能更有意志力来让自己能对毒品说"不"，我感到印象十分深刻。你发现，你告诉自己"我不需要毒品"或"如果我吸毒，我就没有未来了"这些话，将会帮助你克制自己的冲动。看到你哥哥毒品成瘾的下场，更让你意识到自己不想要和他有一样的结局。同时，你还了解到，跟妈妈一起去做瑜伽、做你的家庭作业以及对你的朋友们坦诚，会让自己的情况变得更好，你的成绩会进步，那么你的父母将会非常以你为荣。随着意志力的提升，你会得到更多自由，也会与人们相处得更好。被学校开除以及看到爸爸妈妈难过使你希望自己能有毅力戒毒，这让你来到了3分的情况。所以，我建议你特别注意自己这一周在做什么事情，而让你意志力的量尺分数是向上提升的。

玛丽亚在初谈时写给咨询师的讯息

我知道了，如果我可以拥有高意志力来对毒品说"不"，那么我的生活将会有非常大的改变，而且，改变的程度或许可以超过我所预想的。另一件在我意料之外的事情是，原来我那么在乎我爸爸妈妈的感受，超过我所预想的。但是我知道，我是需要为了自己而改变，而非为了他们。

咨询师在第三次会谈时写给玛丽亚的讯息

玛丽亚，

你已经进展到7分了，真的很令人印象深刻。28天不抽大麻显示出你是能够克制自己的冲动的。做家庭作业、一周与妈妈一同去上四次瑜伽课以及周末约会回家时状态会是很好的等，都让你的爸爸妈妈更信任你了。你与学校咨询师讨论到关于上大学的事情，并设定了GPA要达到3.0的目标，这显示了你真的很有心想在学校表现良好，以及为进入大学做好准备。你计划在学校里认识生活正派的新朋友，也展现了你心态上的改变。你知道自己是需要继续进步的，所以请注意从现在到下次我们会面之间，你的生活中有什么更为好转的事情发生。

玛丽亚在第三次会谈时写给咨询师的讯息

看到这些我已经做到的好事情是如何相加产生了相辅相成的效果的，我真的对自己感到很惊喜。我之前真的没有注意到我有改变这么多。我猜这是因为我最近都没有吸大麻，让我有了更多时间，能做出更好且更聪明的决定。我为自己感到骄傲，也希望自己能继续留在正确的轨道上。

六、本章总结

通过重新发现未被辨识的解决之道与例外，当事人获得赋能，这有助于其追求目标。评量技术提供了方法来评估当事人已经走了多远，以及他们需要做什么才能更成功。SFBC会谈以给予讯息的方式来结束。讯息中会包含赞美与任务的成分，以强化当事人继续努力进步。讯息的内容经常是从咨询师笔记中所建构得出的。

七、练习活动

请回忆你在第二章的练习活动中，对于奇迹问句与后续问句的答案。那些答案在你回答下列问句时,会帮助你界定出解决之道。

» 回忆一个部分奇迹发生了的时刻,即使只是发生了小小的一部分——或许是某些事情没有那么糟糕,或者是事情有一点点好转的时刻。这次,你是在做什么不同的事情呢?或者想的事情与平日有什么差别?
有谁注意到你此次的这个改变?
当他们观察到你不同的行为时,他们是如何响应的呢?"

» 请回忆另一个部分奇迹已经发生的时刻。
你会怎么解释它是如何能在那时发生的呢?

» 在一个 0 到 10 分的量尺上,0 分代表你的问题是有史以来最糟糕的时候,10 分代表奇迹发生的隔天。你会把现在的自己放在量尺的哪个位置上呢?
你做了什么让自己从 0 分到达你目前的位置?
当你在量尺上提升了 1 分时,你会做什么你现在没有做的事情?
当有阻碍你进展的事情发生时,什么人、事、物将会帮助你继续前进?

第 四 章

联结各部分

Connecting the Pieces

　　本书的前面几个章节已详细描述了 SFBC 初次会谈的要素。下一步则要将每项要素放在一起,以综合执行这个模式。本章一开始,会先将所有的步骤简要地回顾一次;随后,将以一个实际案例来演示如何以焦点解决取向和当事人进行谈话的历程。斜体字的注记会穿插于该案例的对话中,以凸显对话历程中的特定 SFBC 阶段。当你阅读该对话时,希望你像在实际会谈中一样做笔记。之后,运用你的这份笔记,写一则讯息给该案例中的当事人。你可以将写出的讯息与书中实际给予当事人的讯息做个比较。

一、初次会谈的要素

本部分将提取前几章的说明与例子,逐项回顾如何进行初谈。开场时,咨询师可以运用几分钟进行自我介绍,并询问当事人一些和来访原因无关的个人生活状况,以建立融洽的咨访关系。例如:"跟我说说你自己。你在闲暇时,都做些什么好玩的事呢?"若当事人需要倾吐几分钟,则以倾听与同理的响应,来认可和理解当事人的忧虑与关切,例如:"我了解""嗯嗯""听起来是很艰难的情形",并点头回应。

建立融洽的关系后,你可用以下方式来介绍会谈历程。

现在,我想让你了解一下这个会谈将会怎么进行:我会询问你一些问题,有些问题听起来会有点疯狂,或者有些难以回答。在会谈时,我会对你的回答做些笔记,好让我在会谈结束时,可以把它们组合起来写成一则讯息给你。在我写讯息给你时,我希望你也把今天在会谈中的心得写下来和我分享(依据孩子的年龄及技能发展程度,或可请孩子画一张图画,来取代文字的书写。画图的内容可为:当事情好转时,他/她那时会是在做什么)。当我把讯息写好要交给你之前,我会念给你听。然后,我会将这则讯息以及你写给我的心得(或图画)都复印一份,让你带回去,这样我们都会有彼此的复印件。

(一)步骤一:当事人的咨询目标

确认当事人希望从咨询中实现什么——这就是他们的目标。你可以询问下列问句之一:

» "你对于我们会谈的最大期望是什么呢?"(建议的选项)

» "你今天来见我的原因是什么?"或者

» "我今天可以怎么帮上你的忙呢?"

以正向词汇完成目标的建立,需描绘出可观察到的当事人行为,而非以"某行为的消失"来陈述目标。当事人一旦以正向词汇说出目标,咨询师便能以问句来引发行为细节的描述,显现出当事人在实现目标的过程中所会做的事情。通过下列问句进行细节化:

» "你做的什么会显示你遵守了缓刑的条款?"

» "如果你对老师有礼貌的样子被录了下来,你会看到影片中的你在做什么呢?"

» "如果我坐在你工作的餐厅里,我会看到你做的什么显示出你很专注于工作?"

(二)步骤二:奇迹问句

奇迹问句促使当事人想象"当问题消失时,生活会是什么样子"或者"目标实现时,生活会是什么样子"的图像,并将这样的图像可视化。询问该类型的问句,将帮助当事人想象和展望或许可能发生、但未被注意到的可能性。奇迹问句也对"在迈向实现目标的过程中,当事人会做什么事情"提供了一次心理预演的机会。以下例句示范了如何询问奇迹问句:

- "假设今晚你睡着之后,一个奇迹发生了,这个奇迹解决了让你前来咨询的问题。但是因为你在睡梦中,你并不知道这个奇迹已经发生了。当你早晨睡醒时,你会看到什么线索,让你发现这个奇迹已经发生了呢?"

- "如果我用魔法棒在你头上挥一圈,那个让你前来咨询的问题就这么消失了。这时候,你会注意到生活中有了什么不同?"

- "想象让你前来咨询的问题已经解决了,那时候你会注意到生活中有什么不同,让你知道,我们不需要再会面了?"

在当事人描述问题消失时的生活图像后,咨询师可以接着询问当事人,这一奇迹发生后,他们会做什么不一样的事情,以引导出特定的行为细节。你可以参考下列细节化的例句来询问当事人:

- "当你专注听课时,你会做什么,显示出你是专注听课的呢?""你的眼睛/手/脚会是在做些什么,让人一看就知道你是很专心的?"

- "当你跟同事和睦相处的时候,他们会看到你做什么,显示了你是与他们和睦相处的?"

运用循环关系问句引出重要他人的观察,如下所示:

- "谁会第一个注意到你的这个改变?当他们看到这个改变时,他们会怎么响应你呢?"

- "你觉得,当你的老师/同事/朋友/兄弟姐妹/父母观察到你的这项改变时,他们会有什么反应?对于他们的反应,你会怎么响应呢?"

询问"这个奇迹发生后,你还会注意到什么呢?",重复"还有呢?"与循环关系问句三或四次,以帮助当事人扩展一个重要的图像:对他们而言,什么是有可能的,以及正向改变会带来的涟漪效应。

(三)步骤三:成功事例

在步骤三中,请当事人回忆与描述他们问题较不严重或不存在的一些时刻,或他们展现出与目标相关联的正向行为的时刻。探索当事人如何引发这些成功事例的细节,能为迈向解决之道、成功与赋能提供能按图索骥的路线图。

在你的催化下,从当事人对步骤二的奇迹问句与追踪问句("还有什么呢?")的响应中,你可以参考斟酌并界定出这些成功事例。为了从当事人身上引出成功事例,在邀请当事人回答时,可运用"告诉我"(tell me)问句,用一个假定部分奇迹已经发生了的姿态来提问。陈述方式如:

» "告诉我,关于一些时刻,是这个奇迹的一部分已经发生的时刻——即使只发生了一点点。那时你是做了什么,让它能够发生的呢?"

» "告诉我你比较友善/合作/放松的一次经验。那个时候,你是做了什么不一样的事情呢?"

在当事人回答后，以振奋式引导或赞美来响应当事人具有效益的行动或想法。振奋式引导的例子如下：

» "真的！即使在所有的压力之下，你还是做到了！那真的太棒了，因为要放弃是很容易的，但是你没有放弃。"

» "你可以保持镇定／从争吵中走开／以数到10来代替争辩，是很了不起的。大部分的人会失控，但你却没有。你是怎么做到的呢？"

（四）步骤四：0到10分的评量

请当事人以0到10分的量尺为自己目前的状态评分，这样一来，将能建立起一个基准点，并能用它来测量当事人日后的成长情形。使用评量也提供了一个机会，让当事人能探索与确认自己是如何达到现状的。评量也提供了一个方法，让当事人能评估自己可以做什么，而能在量尺上上升1分。你可以使用下列询问方式来带出评量问句：

» "在一个0到10分的量尺上，0分代表你的问题是有史以来最糟糕的时候，10分代表奇迹已经发生、问题已获解决的时候。你觉得自己现在处于什么位置呢？"

接着，无论当事人回答的数字是多少，都可接着用问句来向当事人确认：他们已经做了什么，而能达到目前分数的位置。通常，当事人评量自己的分数会高于他们的最低分时期。探索和发现当事人已经做了什么而让分数提高，将能辨识出更多资源以获得成功。振奋式引导在此时，对于当事人辨识出成功的细节相当有帮助。例如，你可以说：

» "你现在在3分？真好！你已经做了什么，而让你能到达3分呢？"
» "哇，你在5分。那超棒的。历经了到现在你所经历的所有事情，你是怎么能努力在5分的位置上的呢？"
» "你是怎么让自己能维持在0分，而不是负1分，或更不好的情况的呢？"

为帮助当事人通过达成具体可行的小目标而获得进展，询问"当"（when）问句，是一个选择：请当事人辨认为了在量尺上前进1分，他们所需要做的事情。问句中以"当"（而非"如果"）为用字，能向当事人传递出一个讯息：你预期这样的进展会发生，以及，你对于他们会达到这样的下一步深具信心。如同以下例句所示：

» "除了你目前在做的事情之外，当你在4分的时候，你还会做些什么事情？你会怎么让它发生呢？"

指认出实现目标的可能阻碍（标示地雷区）与处理阻碍的方式，也是很具有效益的。例如，你可以询问：

» "虽然你知道你需要去做什么（专心听老师上课／远离毒品／与母亲合作），但是当（朋友上课时跟你讲话／朋友拿药丸给你／妈妈要你去做你不想做的事情）时，你会怎么处理呢？"

(五)步骤五:讯息

在撰写讯息之前,先确认是否有其他你需要知道的相关信息,同时也响应当事人可能存有的疑问。在会谈历程的这个时间点,当事人很少会需要提出额外的信息或问题。在介绍会谈历程的"讯息"部分时,可用下列句子来向当事人说明。

» "我会用几分钟稍微整理我的思绪,并写一则讯息给你。在我去撰写讯息之前,还有没有什么其他事情我应该知道?或者你有没有什么疑问呢?就像我之前讲的,当我在撰写讯息时,我希望你也写一份简要的心得,跟我分享你在会谈中的收获。我会将我写的讯息以及你写的心得都复印一份,这样我们都会有彼此的复印件。"

» 对较年幼的儿童,相较于书写心得,更适合请他们画出:奇迹看起来会是什么样子,或者,当事情好转时,他们会是在做什么。

你写给当事人的讯息由以下三部分所组成:

1. **赞美**:包含至少三项具有特定细节的赞美,从中反映出当事人的优势、正向的态度、建设性的思考或者具生产性的行为。书写赞美这部分的讯息时,你在会谈中所做的笔记会是很有帮助的资源。

2. **桥梁陈述**:简短提及当事人前来咨询所想获得的结果(目标),并以一个简短的词组来开启任务。

3. **任务**:通常是一个非特定的作业,请当事人从现在到下次会谈之间,注意并继续去做那些对他们有效的事情。

下列例句展现了"桥梁陈述"与"任务"间的关系：

» "因为你想要改善你与爸爸之间的关系(**提及当事人的目标**)，我会建议你(**开启任务的短语**)在接下来的这周，去做更多有效的事情(**任务**)。"

» "由于你承诺的是要去上学而非吸毒(**提及当事人的目标**)，会有帮助的是(**开启任务的短语**)，注意一下当你在做什么事情时，量尺上的分数会提高1分(**任务**)。"

要在SFBC历程顺序中井然有序地进行会谈，有几样工具是很有帮助的：SFBC会谈的初谈流程图，以及特别为SFBC会谈准备的初谈记录单(修改自我以前的学生金·麦金尼所发展的记录单)。此流程图(请见图4.1)为SFBC模式初谈的步骤顺序提供了一个快速的参考指引。而此记录单(请见图4.2)的设计，则能帮助你在这个历程顺序中，对每一步骤所做的笔记加以组织。我建议你同时使用这些工具，将初谈流程图与记录单都以A4纸的大小打印出一份，然后分别将它们置放在翻页记事本或活页夹的两侧。这样可以让你在会谈时，很方便地拿到这两样工具。

图 4.1　SFBC 初次会谈流程图

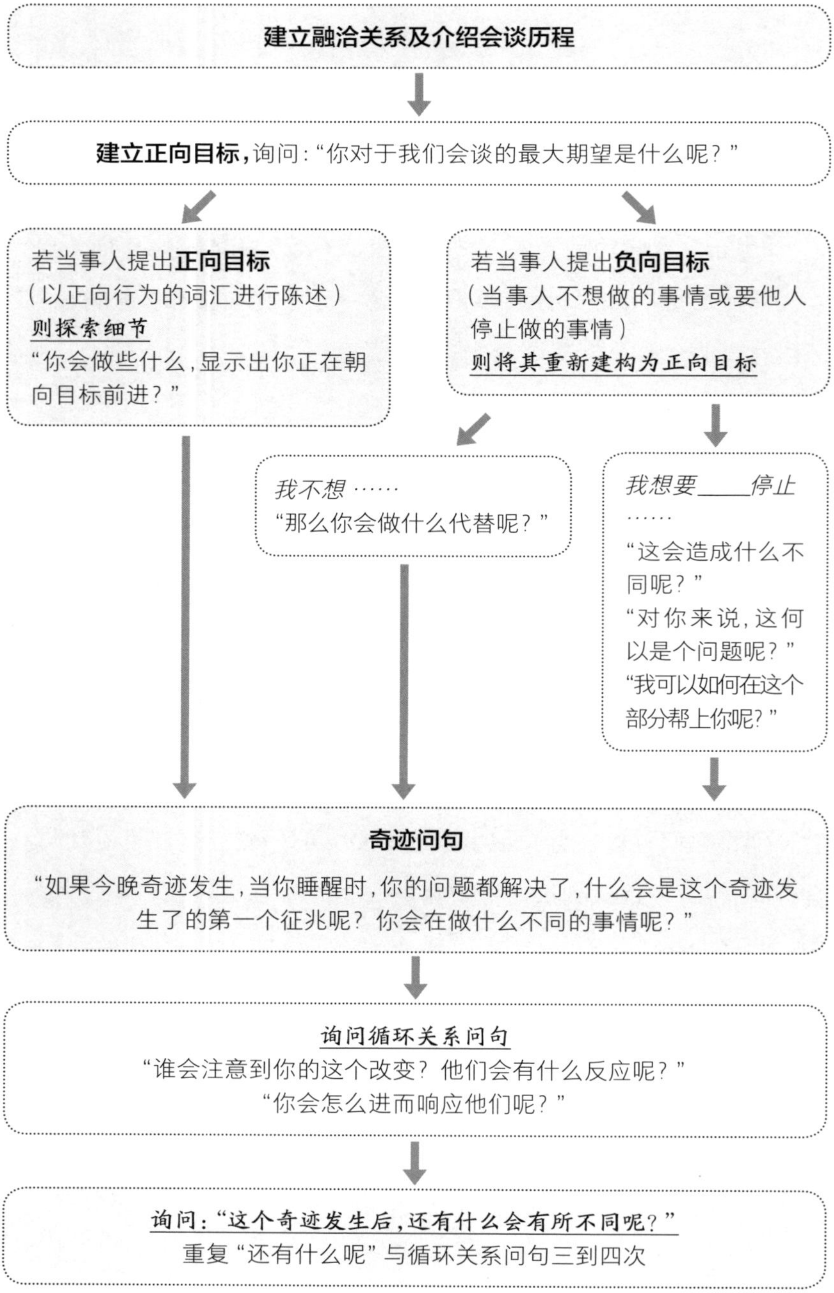

```
┌─────────────────────────────────────────┐
│      建立融洽关系及介绍会谈历程          │
└─────────────────────────────────────────┘
                    ↓
┌─────────────────────────────────────────┐
│ 建立正向目标，询问："你对于我们会谈的   │
│ 最大期望是什么呢？"                     │
└─────────────────────────────────────────┘
        ↓                        ↓
┌──────────────────┐      ┌──────────────────┐
│ 若当事人提出正向 │      │ 若当事人提出负向 │
│ 目标             │      │ 目标             │
│（以正向行为的词  │      │（当事人不想做的  │
│ 汇进行陈述）     │      │ 事情或要他人停止 │
│ 则探索细节       │      │ 做的事情）       │
│"你会做些什么，显 │      │ 则将其重新建构为 │
│ 示出你正在朝向目 │      │ 正向目标         │
│ 标前进？"        │      │                  │
└──────────────────┘      └──────────────────┘
                              ↓
              ┌─────────────────┐  ┌─────────────────┐
              │ 我不想……        │  │ 我想要____停止  │
              │"那么你会做什么  │  │ ……              │
              │ 代替呢？"       │  │"这会造成什么不  │
              │                 │  │ 同呢？"         │
              │                 │  │"对你来说，这何  │
              │                 │  │ 以是个问题呢？" │
              │                 │  │"我可以如何在这  │
              │                 │  │ 个部分帮上你呢？"│
              └─────────────────┘  └─────────────────┘
                    ↓
┌─────────────────────────────────────────┐
│              奇迹问句                   │
│"如果今晚奇迹发生，当你睡醒时，你的问题  │
│ 都解决了，什么会是这个奇迹发生了的第一  │
│ 个征兆呢？你会在做什么不同的事情呢？"   │
└─────────────────────────────────────────┘
                    ↓
┌─────────────────────────────────────────┐
│           询问循环关系问句              │
│"谁会注意到你的这个改变？他们会有什么反  │
│ 应呢？"                                 │
│"你会怎么进而响应他们呢？"               │
└─────────────────────────────────────────┘
                    ↓
┌─────────────────────────────────────────┐
│ 询问："这个奇迹发生后，还有什么会有所   │
│ 不同呢？"                               │
│ 重复"还有什么呢"与循环关系问句三到四次  │
└─────────────────────────────────────────┘
```

成功事例/问题的例外

"告诉我这个奇迹的一部分已经发生的时候,即使只发生了一点点。"
"你是如何让它发生的呢?"

振奋式引导

评 量

- "在 0 到 10 分的量尺上,0 分是你的问题有史以来最糟糕的时候,而 10 分是问题完全消失的时候,你现在是在几分呢?"
- "你是如何能得到_____分的呢?"
- "当你在更高 1 分的位置时,你会在做什么你现在没有做的事情?"

标示地雷区,询问:"如果_____造成阻碍,你会怎么做呢?"

处理未竟事务,询问:"还有其他任何事情需要我知道,好能帮上你的忙的吗?"

讯 息

- 当你写讯息给当事人时,请当事人将会谈所学写成笔记/画图。你撰写的讯息应包含:赞美(三项)、桥梁陈述、任务。
- 将讯息念给当事人听;让当事人分享笔记/图画;你们两人都各得一份副本。

Copyright ©2014 by Corwin Press. All rights reserved. Reprinted from *Brief Counseling That Works: A Solution-Focused Therapy Approach for School Counselors and Other Mental Health Professionals*, Third Edition, by Gerald B. Sklare. Thousand Oaks, CA: Corwin Press, www.corwinpress.com. Reproduction of this figure authorized only for educators, local school sites, and/or noncommercial or nonprofit entities that have purchased this book.

图 4.2 SFBC 初次会谈记录单

当事人:_____ 日期:_____	日期／时间 下次会谈:_____
当事人的目标 • 你对于我们会谈的最大期望是什么呢？ 建立正向目标，以行为化词汇描述细节	
奇迹问句 • 如果奇迹发生，当你睡醒时，你的问题被解决了，什么会是这个奇迹发生了的第一个征兆呢？ • 你会在做什么不同的事情呢？ **循环关系问句** • 谁会注意到你的这个改变？ • 他们对你的这个改变，会有什么反应呢？ • 你会怎么进而响应他们呢？ 这个奇迹发生后，还有什么会有所不同呢？ 重复"还有什么呢"与循环关系问句	
成功事例 • 告诉我这个奇迹已经发生的时候，即使只发生了一点点。 • 你是如何让它发生的呢？ 振奋式引导；需要时，帮助当事人接受拥有权	
评　量 • 在 0 到 10 分的量尺上，0 分是你的问题有史以来最糟糕的时候，而 10 分是问题消失了的时候，你现在是在几分的位置呢？ • 你今天是如何能得到____分的呢？ • 当你在更高 1 分的位置时，那时你会在做什么现在没有做的事情？	0 1 2 3 4 5 6 7 8 9 10
标示地雷区 • 如果_____对_____（目标）造成阻碍，你会怎么做呢？	
未竟事务 • 还有其他任何事情需要我知道，好能帮上你的忙的吗？	
给予当事人讯息 　　**赞美**：至少三项 　　**桥梁的陈述**：链接目标与任务 　　**任务**：当事人将要去做的行动／观察 请当事人写笔记／画图；将讯息念给当事人听；当事人分享笔记／图画；两人都各得一份讯息与笔记／图画的副本	

Copyright ©2014 by Corwin Press. All rights reserved. Reprinted from *Brief Counseling That Works: A Solution-Focused Therapy Approach for School Counselors and Other Mental Health Professionals*, Third Edition, by Gerald B. Sklare. Thousand Oaks, CA: Corwin Press, www.corwinpress.com. Reproduction of this figure authorized only for educators, local school sites, and/or noncommercial or nonprofit entities that have purchased this book.

二、心理健康情境的案例研讨：初次会谈

心理健康机构的临床心理学家伊丽莎白·杰克逊（Elizabeth Jackson）博士分享了一个案例。案主是一位年轻女性，她曾身陷于有家庭暴力的缺陷家庭当中。这位当事人学到：通过做一名加害者，来避免当一名受害者。由于当事人的孩子遭受她的家暴，无可避免地被带离她的监护。事实上，这位当事人的情形十分困难，因为她患有创伤后应激障碍及双相情感障碍。她被强制接受治疗，而她的孩子则被安置在她母亲那里。

这位心理学家在2013年10月参加我的焦点解决工作坊之前，运用传统治疗取向与这位当事人会谈了几个月。这位心理学家指出，尽管这位当事人的案例如此具有复杂性，但我的工作坊仍促使她考虑采用焦点解决取向来与当事人工作。该心理学家提及，考虑到这位当事人问题的严重程度，她必须将创伤历程的干预方法并入焦点解决取向以作为辅助。在这位心理学家运用焦点解决取向方法与这位当事人以及其他当事人工作之后，她分享了如下的观察概述：

我发现焦点解决治疗对像这样程度严重且持续一段时间的当事人发挥了很大的作用。虽然她"不相信任何人"，但这个以优势为基础的取向仍让我赢得了她的信任。能找到自己的优势并基于这些能

力继续前进,真的是一件非常有力量的事情。的确,在治疗这位当事人时,我必须运用其他的技术。在我们发展出清楚的目标图像之后,对于要具体实践以达成目标,她有很大的困难。她的创伤历史导致她非常害怕自己的行为表现会被他人视为脆弱、弱势或"人太好"。她对于要如何在某些特定情境中控制与管理自己的反应,是有困难的。我们在几次会谈中投入并聚焦于创伤的处理。这让她从过去中走出来,能面对与接受自己的过去,并能开始试着做出一些改变。她也准备好回到焦点解决治疗了。(E. Jackson, e-mail, January 16, 2014)

初谈时,这位心理学家运用了焦点解决取向来与这位当事人工作,并撰写了以下讯息给她。

我希望你知道,我有多欣赏你愿意分享关于你父母的种种痛苦回忆。你信任我,于我而言真的是一个礼物。你有如此大的勇气面对你生命中的恶魔,这些恶魔"想以暴力来待人"。当你能面对这些恶魔时,这些恶魔也就无法伤害你了。当你在说你的回忆时,我看见你开始挑战自己原来崇拜父亲、轻视母亲的想法,也发现事情可能不是那么简单。每一周,你都让自己对他人开放,倾听他们、考虑他们的立场。你是如此聪慧、灵敏地注意到:当你的状态平静且自信时,社工和律师会听你说话;当你道歉认错时,他们也变得更和蔼。我喜欢你的计划,想要多注意什么事情会触发你不受尊重的感受。你也已经注意到,他人在咒骂或生气时说的话,听起来确实是让人很反感,所以,你不想让自己说话听起来也是这样。你对于自己想要如何被看待,已经下了一个决定。你也已经注意到,药物治疗能帮助你保持平静,不以吼叫的方式来与人说话,你也负起了让自己每天服药的责任。你拥有一个非常美好的目标：为你自己和孩子们带来喜悦和欢乐。你对于孩子的承诺是非常难能可贵的。与我会谈、改变你对他人的说话方式，以及为自己所说的话、所做的事负起责任，这都显示了孩子是你生命中最重要的，且你愿意为他们做出牺牲。要运用自我对话来改变你对他人的行为反应需要很大的心力。当你用自己的例子来和女儿谈她打弟弟的事情时，你真是女儿的模范。这是一件很痛苦，但很有力量的事情，我很欣赏你这么做。由于你对于你的愿景是如此努力投入，我鼓励你继续去做那些已经帮助了你控制和管理你的行为反应的事情，同时也为了你和孩子去尝试新的行为。

在这次会谈结尾，当事人写了下列心得给这位心理学家，代表了她从这次会谈中学习到的内容清单：

寻找其他方法，以不同的方式来处理愤怒，而非我小时候被教导的要如何处理情况的方式。不用打人、吼叫的方式，态度坚定，好好把事情说出来，并且让孩子们表达自己的感受，让他们知道，生气是可以的，而发怒则会引发暴力，所以是不可以的。

三、学校情境的案例逐字稿：与佩特罗的初次会谈

在阅读下列案例时，你可以做笔记，然后在后面结束会谈处练习建构讯息。接着，你可以再将你写的讯息和本章最后佩特罗所收到的讯息相比较。基于教学目的，在各项介入之前，我会以斜体字标明特定的 SFBC 介入方法。这个案例的主角是一名 12 岁的六年级小

男孩佩特罗，他因为经常被罚暂时停学而被送来见我。在以下会谈的过程中，佩特罗会提供额外的背景信息。为避免重复本书前面的信息，我删减了开场时对会谈历程的解释。

咨询师 你是因为什么事情来见我的呢？

佩特罗 我猜，是因为我的态度和行为。

咨询师 你说"态度和行为"，是指的什么呢？

佩特罗 有时候我第一个举手要发言，但是老师却点其他人发言，我就会生气，因为我是第一个举手的啊。有些老师会要我做些事情，我才不做呢。我就是要有一种态度，我不会听指挥的。

（界定目标）

咨询师 那么，对于我们的会谈，你最大的期望是什么呢？

佩特罗 我猜，是要学习去做我被要求做的事情。

咨询师 听起来你已经准备好去做被要求做的事情了。

佩特罗 当我第一个举手要发言，老师看到我了却又点了别人的时候，我会生气，我真的会生气。

咨询师 那么当你生气的时候，你会做什么呢？

佩特罗 发脾气。

咨询师 那看起来是什么样子的呢？

佩特罗 我就会开始嘟囔，嘟囔出声并干扰上课。我想要停止这样做。

（将负向目标重新建构为正向目标）

咨询师 那么你希望怎么做，而不是发脾气呢？

佩特罗 把我的手放下来，或者一直举着手，直到老师点我。与其发脾气，我还不如就举着手，一直到老师点我。

咨询师 就保持举着手。

佩特罗 或者就把手放下来。

（细节化）

咨询师 所以，你想要让你的手举着，直到老师真的点了你；或者把你的手放下来。那么，当你没有被叫到的这个时候，你会做些什么或在想些什么呢？

佩特罗 把手放下吧。如果我知道答案的话，就把答案写在我的纸上，而不是发脾气。把我的答案写下来就好。

（振奋式引导）

咨询师 嘿，你很聪明呢。所以，你会写下答案，检查自己是不是有答对。

佩特罗 没错。

咨询师 你是怎么想到这个主意的？

佩特罗 我就是想到了。

（振奋式引导）

咨询师 那真是非常有创意。你知道你很有创意吗？

佩特罗 有时候。

（假设性的奇迹问句）

咨询师 我有一个奇怪的问题想问你，可能会有点难回答。假设今晚在你睡着的时候，一个奇迹发生了，但因为你在睡梦中，你并不知道这个奇迹已经发生了。当你隔天早晨睡醒时，你的期望实现了，你所有的问题都解决了——就这么消失不见了。当你睡醒时，你跟自己说："夜里有些事情发生了，因为我的问题全都消失了。我的态度、我的行为——那些问题就是全都消失了。"当你睡醒的时候，你会注意到有什么不一样的地方，让你知道这个奇迹已经发生了？

佩特罗　当我到学校的时候,我不会有那种态度。

（将负向目标重新建构为正向目标）

咨询师　好的,所以那种态度会消失。当那种态度消失的时候,什么会取代它呢？因为它消失了,得有某样东西发生来代替它。你觉得会出现什么来取代那种态度呢？

佩特罗　我的教育。

咨询师　你指的是什么呢？

佩特罗　我的学习——我会对我的学习更用心,而不是有那种态度。

（细节化）

咨询师　你怎么会知道自己对学习更用心了呢？你的老师怎么会知道你对学习更用心了呢？你的老师会看到你在做什么事情？

佩特罗　我会看着课本,老师会看着我。我会让我的眼睛看着课本,而不是跟别人说话。

（循环关系问句）

咨询师　好的,所以你的眼睛会看着课本,你不会跟别人讲话,你会看着你的课本。那么,如果这样的情况发生了,你觉得老师们看到你这样做的时候,他们会怎么对待你呢？

佩特罗　他们可能会对我更亲切,也会在我举手时更常点我发言。

咨询师　那么如果这样的情况发生了,你又会怎么做呢？

佩特罗　我会去做他们要我做的事情。

（"还有什么呢"问句）

咨询师　听起来你们会相处得更好。你觉得,当你的那种态度消失了的时候,还有什么事情可能会发生呢？还有其他事情会取代那种态度吗？你还会看到自己在做些什么事情？

佩特罗　我不知道。

咨询师　如果你真的知道呢？这是一个很难的问题，我问你的这个问题是非常非常难的。我现在和之后会问你的各种问题中，有一些是真的很难回答的。这个问题就是其中的一个。

佩特罗　我会守规矩吧，我猜。

（细节化）

咨询师　你会守规矩。那看起来会是什么样子呢？如果我坐在你的教室里，看着你守规矩的样子，我会看到你在做什么呢？

佩特罗　把黑板上写的作业记下来。我们要做的作业，都会写在黑板上。一到教室，我就会在我的座位上坐好，将作业事项写进待办事项记事本中。我会等一下再处理待办事项，但是我会拿出一些纸，准备好要开始上课。

咨询师　好的，所以你会坐在自己的座位上，把待办的作业事项写下来。

佩特罗　是的。把黑板上我们应该要做的事情写下来，写进我的待办事项记事本里。

咨询师　好的，所以你会看到那天的作业事项，而且你会把它写进你的待办事项记事本里面。

佩特罗　对。那个待办事项记事本里面记录了当天的日期和我们的作业内容。

（循环关系问句）

咨询师　那么请告诉我，如果你像你刚刚描述得那样守规矩，你的老师会怎么回应你呢？

佩特罗　他们可能会对我的进步说道："很好，做得很好，佩特罗。"而且我的成绩应该也会提升。

咨询师 所以,如果你的老师像你所说的那样对待你,你想你会怎么响应他们呢?

佩特罗 我会微笑,而且会更努力用功地提升我的成绩。

咨询师 那么,当老师们看到你在微笑,以及付出更多努力的时候,他们又会对你做什么呢?

佩特罗 他们会真心觉得高兴,也会更信任我。我喜欢这样。

("还有什么呢"问句)

咨询师 好的,那你想你还会注意到什么,让你知道奇迹已经发生,你的那种态度已经消失了呢?

佩特罗 我会在座位上坐得笔直。

咨询师 好的,你会在座位上坐得笔直,而不是懒散的样子,你的意思是这样吗?

佩特罗 对。我不会嚼口香糖,也不会吃糖果。

咨询师 不会嚼口香糖或吃糖果。那么,你的嘴巴里面会是没有东西的?

佩特罗 对。当我去洗手间的时候,我不会到走廊上闲逛。

咨询师 好的,所以你会直接去洗手间,然后回到教室。

佩特罗 对。

(循环关系问句)

咨询师 你觉得当老师们看到你的这些行为,他们的反应会是什么呢?

佩特罗 他们会喜欢我这样。

咨询师 那么,你想他们会怎么做呢?

佩特罗 他们会微笑,而且会称赞我。

咨询师 那么当他们称赞你的时候,你会怎么响应他们呢?

佩特罗 我可能会说"谢谢",然后会更加认真。

（"还有什么呢"问句）

咨询师　还会发生什么事情呢？

佩特罗　我不会拖拖拉拉、晚进教室。

（将负向目标重新建构为正向目标）

咨询师　不拖拖拉拉、晚进教室，那么你会怎么做呢？

佩特罗　我会准时进教室。

咨询师　你会怎么让准时进教室发生呢？

佩特罗　在一堂课下课后，我会带着所有书直接走到下一间教室，不会逗留在上一堂课的教室里。

咨询师　你会把书怎么样？你是指把全部的书都带着吗？

佩特罗　对。带着全部的书，这样每堂课要用的书就都有了。

咨询师　好的，带好每堂课要用的所有书？

佩特罗　对。还有带着上课要用到的所有文件夹。每堂课都应该带着文件夹，里面夹着练习纸，这样才可以做作业。

咨询师　好的，所以要放得井井有条，这样才可以做作业，还可以把作业放到文件夹里。天哪，你知道的真多。你是怎么知道这些事情的呢？

佩特罗　那是我们应该做的。

（振奋式引导）

咨询师　是的，但大部分的孩子没办法把这种事情全都记下来。你是怎么能记得所有的事情的呢？

佩特罗　这学年一开始，他们就告诉了我们必须准备好所有的文件夹。比如说在科学课，应该要准备紫色的文件夹，语文艺术课是红色的文件夹，阅读课是黑色的文件夹，社会研究课是绿色的文件夹。应该要把这些课程的东西放入文件夹，并且把自己的名字写在最上面，这样他们就会知道那是谁的文件夹。你的作业应该放在文件夹里，这样作业就不会弄丢，也不会到处乱放。然后应该带好记事本和书。

咨询师 然后你把这些全都记下来了？

佩特罗 对。

咨询师 对，不过大部分的孩子会把这些细节忘光，而你却全都记得。你可以把这些全都记下来，是很棒的。这让我知道你多么会思考。你一定有很好的记忆力。

佩特罗 我不知道……是的，我猜我的确有很好的记忆力，算是培养了很好的记忆力。

（振奋式引导和"还有什么呢"问句）

咨询师 嗯，你真的把那些事情记得很清楚。他们说必须准备的东西，你全部都记得。你必须准备练习纸在文件夹里，你必须准备记事本。听起来你知道要做什么事情。哇！佩特罗，还有什么事会让你知道这个奇迹已经发生了呢？

佩特罗 我的成绩单上会得 A 和 B，而不是得到坏成绩，然后我会参加校外教学。

（细节化）

咨询师 你会得到 A 和 B，也会参加校外教学，这是你现在没有参加的。你会做什么其他事情，让你知道你正在向得到 A 和 B 的成绩努力呢？

佩特罗 在跟朋友出去之前，我一放学就会先做家庭作业，然后我就会被列入荣誉团队。

（细节化）

咨询师 你会怎么知道这个奇迹正在你身上发生，即使只是一点点奇迹？你会注意到的第一件事情是什么呢？

佩特罗　我会注意到的第一件事情是，我会在成绩单上得到 A 和 B，然后老师们会说："佩特罗，做得好，你有在做你的作业。"然后我会问他们："我交全部的作业了吗？"然后他们会说："交了。"

咨询师　所以，第一个征兆是，老师会说："佩特罗，做得好。"然后你会得到更好的成绩。

佩特罗　没错。

咨询师　还有谁会注意到你的这个改变呢？

佩特罗　我妈妈会注意到。

咨询师　她会看到你在做什么，就知道你现在是不同的了？

佩特罗　我不会看那么多电视，也不会和我堂弟吵架。

（将负向目标重新建构为正向目标）

咨询师　那么，如果你没有在看电视和吵架，你会是在做什么事情来代替呢？

佩特罗　我会在我的房间里做作业，会锁着门，这样就没有人可以来打扰我了。

（"还有什么呢"问句）

咨询师　还有什么其他事情是你会注意到的呢？

佩特罗　大家会变得更喜欢我。

（循环关系问句）

咨询师　你会怎知道大家变得更喜欢你了呢？

佩特罗　比如我把成绩单秀给他们看，他们会说："见鬼了，佩特罗，你的成绩全部都得到 A 或 B。你是怎么能得到全 A 或 B 的？你妈妈一定会很以你为荣。"

咨询师　噢，妈妈也会觉得很光荣。你喜欢这样吗？

佩特罗　喜欢。

咨询师　妈妈会怎么向你表现出她觉得很光荣？你又怎么会知道你妈妈真的很以你为荣？什么会让你知道,妈妈很以你为荣？

佩特罗　她会把我的成绩单秀给每个人看。

咨询师　她会帮你炫耀,是吗？她还会做什么,显示出她觉得很光荣呢？

佩特罗　她会买东西给我。

咨询师　我有另一个困难的问题要问你。告诉我是否有一些时候,是你刚刚讲的所有这些事情的某一些部分已经发生了的,甚至只发生了一点点？

佩特罗　今天,这些事情有些已经发生了。

咨询师　是真的吗？告诉我今天的情形。

佩特罗　嗯,我的态度已经改变了。

咨询师　是真的吗？告诉我是怎么样的改变。

佩特罗　我完全没有对老师们发脾气。老师叫我前来会谈的时候,她叫我检查作业有没有都准备好,这样我才可以来,然后我说:"好。"

咨询师　通常这种时候你是会发脾气的？

佩特罗　对。

（振奋式引导和细节化）

咨询师　那太了不起了！你是怎么做到的呢？

佩特罗　因为我妈妈说要这样做,我就这样做了。她今天早上出门工作前写了一张便条给我,她要我听老师交代的事情,然后去做。

咨询师　所以,你觉得是妈妈写的纸条让你做到的？

佩特罗　对。

（"接受拥有权"的介入方法）

咨询师 但我必须告诉你一件事情。我有一个想法是，你妈妈曾写过像那样的纸条给你，不是吗？

佩特罗 对，她有写过。

咨询师 而你那时候仍然没有去做她要你做的事情？

佩特罗 对。

咨询师 但是你今天做了。

佩特罗 对。

咨询师 你今天做了。那么，妈妈写的纸条可能帮了你一些忙，但那件事情必定是你去做，你为了自己去做而让它发生了的事情。

佩特罗 史密斯老师有跟我谈话，我必须和史密斯老师开一个会。她告诉我，如果我不能遵守规则，我就没有办法真的接受到学校的这些教育。

咨询师 所以，你有听史密斯老师说话，而且这些话是让你觉得有些道理的？

佩特罗 对。

（"接受拥有权"的介入方法）

咨询师 我打赌你之前就听过这些训话了，不是吗？

佩特罗 对。

咨询师 而这个训话在那时候并没有效果。

佩特罗 没有。

咨询师 那么，是什么让它今天有效果了呢？是什么让它能在今天对你有所不同呢？

佩特罗 我再也不想被停学了。

咨询师 这听起来对你来说是一个改变。你不想再被停学了？

佩特罗　　对。

咨询师　　当你这样说的时候，听起来你像是在说："我太重要了，不能让这样的事情发生在我身上。"你会怎么解释这个改变呢？因为你说："嘿，我不想被停学。"你的心里是怎么想的，从而影响了你的改变呢？

佩特罗　　我有一阵子没有被停学了，然后每个人都以我为荣。

咨询师　　所以，大家以你为荣。你似乎喜欢大家看待你的方式是："嘿，我在为自己负责。我不必受到停学的惩罚了。如果我想，我是可以守规矩的。"

佩特罗　　对。

（细节化）

咨询师　　嗯，那很棒。你是怎么努力做到这样的呢？是什么让你能自己说出"大家都以我为荣，而且我再也不想受到停学的惩罚了。我希望能待在学校"这番话的呢？

佩特罗　　我就只是说："我能做到。"

咨询师　　所以，你告诉自己："我能做到。"

佩特罗　　对。

（"接受拥有权"的介入方法）

咨询师　　我的猜测是，你以前可能也告诉过自己这句话，不是吗？

佩特罗　　对。

咨询师　　但是这次不同了。是什么让这次能有所不同呢？

佩特罗　　我妈妈、我外婆和外公都跟我说，他们以我为荣。

咨询师　　所以，听起来你好像真的很尊重他们，也很想让他们开心。

佩特罗　　对。

咨询师　　那么，这一次，你是在说："我真的会去做"。

佩特罗　对。

　　　　（振奋式引导）

咨询师　嗯。那真的太棒了。你能够去做真的太好了。你尊重、在乎妈妈和外公外婆——还有你自己。你在乎你自己,所以你会让你自己保持在正轨上。

佩特罗　对。

　　　　（回顾奇迹,以界定出其他成功事例）

咨询师　再告诉我一些其他时候,是还有另外一些部分也发生了的时候?比如你写下黑板上写的东西,你的眼睛正盯着课本,你坐在自己的位置上,你直接走到洗手间并回来,你带了每堂课的书,你在每堂课备有文件夹,你得到了更好的成绩,你可以参加校外教学,你在荣誉团队中。告诉我刚刚讲的这些事情的某些部分已经发生了的时候。

佩特罗　我以前就被列入过荣誉团队了。

　　　　（振奋式引导）

咨询师　真的! 你曾经在荣誉团队中? 太棒了! 那很难吗?

佩特罗　是的。

咨询师　必须要做什么才能一直留在荣誉团队中呢?

佩特罗　你必须要有好的态度,你必须交齐所有作业,你的行为要好,你也必须得到好成绩。

咨询师　你知道的,你有着所有的这些困难,但你那次还能在荣誉团队中? 你是怎么能够在荣誉团队中的? 你是如何为了自己,而让这件事情发生的? 当你在荣誉团队中时,有什么不同呢?

佩特罗　我做了他们交代的事情,而且,就只是做了我的工作。然后我就被列入荣誉团队了。

（振奋式引导）

咨询师　所以，你是可以做到的！佩特罗是可以做到的！只要你想做。因为你够聪明，你是可以做到那件事的。

佩特罗　我够聪明，可以做到那件事。但你看，当我在朋友身边时，我的话就会很多。当我在朋友身边的时候，我就会跟他们说太多的话。而当我不在朋友身边的时候，我就会做作业。

咨询师　是的，那是你之前提到的事情。你喜欢跟朋友讲很多话，这好像会占据你做家庭作业的时间。

佩特罗　对。

咨询师　我想当你在荣誉团队中的时候，是有机会跟朋友讲话的，但你没有讲。

佩特罗　是的，我那时候没有像现在那么爱讲话。

咨询师　所以，你在说的是，你那时能够控制你自己的讲话程度，那种程度让你能在荣誉团队中，同时也能跟朋友在一起。

佩特罗　对。

（心灵地图）

咨询师　你是怎么想出来要怎么做到那种说话程度的呢？

佩特罗　那时我跟朋友说话都是在我吃午餐的时候、在走廊上还有在艺术课上的时候。

咨询师　哦，我懂了。所以你想到，你可以把你们的谈话留到走廊上和午餐时间，还有艺术课上。有人教你那样做吗？

佩特罗　对，他们告诉我要在走廊上、午餐时间、艺术课上讲话，而不是在课堂上。因为课堂上的时间应该要用来学习，而不是说话。

咨询师　那么，你需要什么才能再次那样做呢？

佩特罗　只要把我的话留到走廊上和艺术课的时候再说,而不是在课堂上说,还有只要把眼睛专注在课本上,并提高我的成绩。

咨询师　你要怎么设法让这样的情形,能够再次发生在你身上呢?

佩特罗　不要讲话,完全不要在课堂上讲话——只有当老师问我问题的时候才讲话。

(评量)

咨询师　好的,天啊,你看起来已经有答案了。你是知道解决方法的。让我问你一个问题:在0到10分的量尺上,0分表示你的态度很糟糕而且行为很差,10分表示你所说的奇迹发生了,所有你描述希望发生的事情都为你出现了——你完全没有态度和行为上的问题了。你觉得0分到10分之间,你现在是在几分?

佩特罗　我大约是在5分。

咨询师　你大约在5分。那表示你已经开始朝着10分的方向进步了。

佩特罗　对。

咨询师　目前,从0分到5分是一个很大的跃进呢。你是怎么设法让自己到达5分的呢?

佩特罗　我现在已经开始了。

咨询师　你现在已经开始做什么了?

佩特罗　我现在已经开始做我该做的事,而不是讲话。对于我的作业,我只剩下三个习题要做。

("提升量尺分数"的介入方法)

咨询师　那么,当你在6分的时候,你会做些什么你现在没有做的呢?

佩特罗　我会比较少讲话,完成我的作业,然后当我完成作业时,如果老师允许,我就可以说话。

咨询师　好,所以你完成作业后才会说话。

佩特罗　对。

（标示地雷区）

咨询师　不过老弟,我打赌当你在做功课的时候,会有一些诱惑让你想要开始说话。你还在做作业的时候,如果有人开始和你说话,你会怎么做呢?

佩特罗　我就忽视他们。

咨询师　嗯,就是这样。你可以做到吗?

佩特罗　可以。

咨询师　真的?那样行得通吗?

佩特罗　对,行得通。或者我就叫他们不要吵我。

咨询师　那么,那会让你到6分——你想要先在课堂上完成作业,而这会让你知道,你是在朝向目标的轨道上的。

佩特罗　对。

咨询师　我想不到其他需要问你的问题了。你有任何想要问我的问题吗?

佩特罗　没有。

咨询师　那么,我要用几分钟思考一下我们的谈话,这样我就能写一则讯息给你,就是我们在今天会谈一开始提到的。我等一下离开的这段时间里,你或许可以想想看,在我们的谈话中,什么对你最有帮助。

四、本章总结

本章呈现了一则来自心理健康机构的案例研究,以及一份与学校情境中的学生的完整初谈,示范了 SFBC 步骤的应用。其中第二则案例(包含了斜体字的标记),可以帮助你将历程与内容联系起来,也提供了练习做笔记的机会,让你根据此发展出随后要给予学生的讯息。讯息包含赞美、桥梁陈述,以及要在两次会谈间完成的任务。

五、练习活动

练习一:书写一则讯息

请用几分钟写一则讯息给佩特罗。之后,将你所写的讯息与下列讯息做对比。下列是在初谈结尾时我给佩特罗的讯息。请注意,"赞美""桥梁陈述"与"任务"这几个词语,是基于教学目的而加入的,这三个词并没有出现在实际给佩特罗的讯息中。

给佩特里的讯息:

赞美

我真的对你有多么聪明感到印象很深刻,你有能力知道你必须做什么才能在学校表现得更好。我真的对你有多在乎要改善在学校的态度和行为感到印象非常深刻。今天在老师提醒你做作业时,你努力保持平静而没有对老师发脾气,这证明了你拥有控制自己的能力。我也对你的创造力感到很讶异。你会想到把答案写在纸上,让你自己知道对于老师的问题,你是知道答案的,即使没有被老师点到。你不想再被停学的想法,显示出你很尊重妈妈、外公外婆以及你自己。九月的时候你曾经在荣誉团队中,这显示你知道成功需要什么。成功需要做作业以及把说话的时间留到学生餐厅、走廊上与艺术课上,这样你仍然能和朋友一起闲聊。你知道要做什么,以及要怎么做。

桥梁陈述

因为你很渴望能改善在学校的情况,我希望你……

任务

注意事情比较好的时候,以及你是做了什么,让你这周能进步到6分的。

练习二:以实际案例练习 SFBC 初谈历程

请翻到附录 B,它包含了另一个 SFBC 初次会谈的完整逐字稿。请你跟随指导语,它能让你练习运用 SFBC 的介入方法来进行整次会谈。你可以将你的介入方法,与我在和那位当事人工作时所使用的介入方法,一步步地进行比较。

第 五 章

SFBC 会谈精简版

Abbreviated SFBC Session

　　在学校与一些机构中,常无法实行 45 到 50 分钟的咨询会谈。在学校中,学生和咨询师的既定行程,往往可能限制了能进行咨询互动的时间。例如,许多学生都只愿意在短暂的午休时间里与咨询师会面。此外,一些当事人(尤其是较年幼的儿童)能维持注意力的时间短暂,也可能因而会降低 SFBC 原有模式的有效性。面对这些阻碍,克拉尔(Kral)(1994)发现了一个补救方法:以"精简版"的方式来应用 SFBC。这样的做法对于各个年级的学生都十分有效。

　　不仅如此,SFBC 会谈精简版在私人执业与机构中皆有实质的意义。它能帮助心理健康专业者提供服务给那些负担不起传统上 50 到 60 分钟会谈的费用,但或许能够负担得起 25 到 30 分钟会谈的费用的当事人,而使得原本无法负担相关费用的当事人也能获得咨询的协助。

咨询师与其他心理健康专业者的各方回馈都证明了 SFBC 会谈精简版的价值。我成功地运用了克拉尔的精简版，而且一段时间之后，我也发现了一些特别有效的做法，并将其纳入，做了一些修正。本章所呈现的 SFBC 模式精简版运用了某些与完整版相同的介入方法，但是能在大约 20 到 25 分钟内完成会谈。仅需完整版的一半时间，便能完成初次会谈。本章也包含了为实施这种简短会谈而设计的特定流程表与记录单。这个精简版会谈所使用的技术与介入方法，取自前几章所提到的 SFBC 模式完整版所运用的技术与介入方法。因此，在运用 SFBC 会谈精简版前，你要先阅读前面几章的内容，这是很重要的准备。

一、解释会谈历程

咨询师先透过简短的自我介绍与当事人互相熟悉，来开启会谈。接着，对咨询师将在会谈中使用的取向进行说明，可叙述如下：

我想先让你了解一下这个会谈将会怎么进行。我会询问你一些问题，这些问题与今天让你前来咨询的事情，以及你现在的状况相关。在我们谈话时，我会对你的回答做些笔记，好让我在会谈结束时可以运用它们撰写一则讯息给你。当我在撰写讯息给你时，我希望你也把今天在会谈中的收获写下来和我分享（依据孩子的年龄与技能发展程度，或可请孩子画一张图画，以取代文字的书写。图画内容可为：在事情好转时，他/她那时会是在做什么）。在我把讯息写好交给你之前，我会念给你听。然后，我会将我撰写的讯息，以及你写给我的心得（或图画）都复印一份，这样我们两人都会有彼此的复印件。

二、确认当事人想要达到的目标

就如同 SFBC 模式完整版，SFBC 成功的核心在于：以正向词汇确立当事人希望通过咨询能获得些什么——即当事人的目标。正向目标会描绘出可供观察的行为，让当事人能在目标实现时予以对照辨认。正向目标描述的是当事人希望开始去做的事情。这种描述方式，与当事人希望停止或避免去做的负向目标表述大有不同。

第二章详述了如何将负向目标、具伤害性或不切实际的目标，以及"我不知道"的响应，重新建构为正向目标，也推荐了一些可优先采用的技术。同样的，这些技术在精简版会谈中也能发挥良好的作用。然而，仍须谨记的是：咨询目标是当事人的目标，而非转介者的目标。你可以使用下列问句之一，来引出当事人的目标：

» "你对于我们会谈的最大期望是什么呢？"（**建议的选项**）
» "你今天来见我的原因是什么？"或者
» "我今天可以怎么帮上你的忙呢？"

如前所述，最值得推荐的选项是以"最大的期望"这个词所建构的问句，因为它能引领当事人专注于他们希望达到的目标，而非聚焦于问题或过去的失败。

三、使用评量来了解当事人对其现状的观点

当事人一旦界定出他们的咨询目标后,便可以请当事人使用0到10分的量尺进行评量:相对于目标的所在,自己目前在哪个位置。经常使用的方式是:0分指事情状态是他们经历过最糟糕的时候;10分则指目标已经完全达到的时候。克拉尔(1994)建议,对于较年幼的当事人,0分可以定义为他们经历过最难过的时候;10分则是除了收到礼物之外,他们可能最快乐的时候(排除收到礼物这件事情,是因为其由外在于个人的境况所决定,而无法反映出当事人可能采取的行动)。对于年幼的儿童,也很适合使用"哭脸"到"笑脸"的连续脸谱来进行评量。

你可使用下列范例中的引导方式,来向当事人介绍评量。

» "如果我们有个0到10分的量尺,0分是关于你的问题,你所经历过最低潮的情况,而10分是事情的情况对你而言变得很完美。你觉得你现在是在几分呢?"

» "这样进行思考,或许会有帮助。以0到10分的量尺来评量你自己,其中,0分是你经历过最难过的时候,而10分是除了得到礼物之外,你可能会觉得最为快乐的时候,你会把现在的自己,放在几分的位置呢?"

» "所以,你被送来见我,但你不确定原因是什么,可你却很清楚,你的学校生活不如你所希望的那么好。为了帮助我们开启会

谈，可能可以思考一下这个问题。如果你有一把量尺，上面刻有0到10分的刻度，0分是学校的情形降到谷底，或是有史以来最糟糕的情况，而10分是事情很理想，或是你所能想象你在学校最好的情况。那么你觉得自己现在是在几分的位置呢？"

» "现在我们已经知道，你的咨询目标是要能保持清醒而非喝醉。那么在0到10分的量尺上，0分是你经历过因为喝酒而最为失控的时候，10分是你时时都是清醒的时候。那么，你会说你现在是在几分的位置呢？"

四、当事人曾经到达过的最高分数是几分

在当事人评量其目前的情况后，再运用同一个0到10分的量尺，请他们界定他们"曾经"经历过的最高量尺分数。这里存在着两种可能性：(1)过去，他们曾经历、拥有过较目前更高的分数；或者(2)他们目前的分数，便是他们有过的最好状态。幸运的是，两种答案都为下一步要去界定出还未被指认的解决之道或成功事例提供了开端。然而，当事人给予的答案是哪一类，会决定你要采用下述两种方法中的哪一种。

（一）若当事人表示过去曾有更高分数时

若当事人表示他们过去曾有更高的分数，这显示了解决之道是存在的，虽然尚未运用于目前的状况中。在这种情况下，所需的介入方向则为：帮助当事人回忆起过去有效的人、事、物，并探索可以如何将这些相关资源应用到现况之中，以达到如同之前成功的状态。咨

询师可采用第三章所提及的那些能界定出成功事例或例外经验的问句。再请当事人判断当时与现在的不同之处,并找出那时当事人做了什么事情,而能达到较高的评分位置。此时,需立刻赞美当事人界定出的正向想法与行动。同时,使用循环关系问句,强调正向改变的涟漪效应。若当事人试图将其成功归功于他人,便可运用"接受拥有权"的介入方法。例如:"我打赌他们以前也这样跟你说过,但是那时候却没有效果,而这次却有所不同。是什么让这次能有所不同呢?"如此,将可以成功地把责任转回给当事人。对于表示过去拥有更高分数状态的当事人,介入顺序可摘要如下:

» "那时你在做些什么,是你现在没有在做的呢?"(**成功事例**)

» "你是怎么让那件事情发生的呢?"(**引发细节,并以赞美进行振奋式引导**)

» "当你较现在更高一分时,你会做什么不同的事情,是你现在没有在做的呢?"(**提升量尺的介入方法**)

» "谁会注意到你的这个改变,以及他们会怎么反应呢?"(**循环关系问句**)

» "对于他们对'你的改变'的反应,你又会怎么响应呢?"(**反向循环关系问句**)

下列的一个简短例子示范了若当事人过去拥有较高的评量分数时,咨询师可以运用的介入顺序。

咨询师 从你所说的,我们知道你现在是位于 3 分的位置,而你曾经

有高到 6 分的经验。当你在 6 分的时候，你做的什么事情，是你现在没有做的呢？（**成功事例**）

当事人　那时候，我在认真听和遵守规则方面做得比较好。

咨询师　你是怎么能让它发生的呢？（**细节化**）

当事人　我猜我那时候比较不会插嘴，会先听听他们对我的要求是什么。

咨询师　那听起来十分成熟呢，因为大部分你这个年龄的孩子都不会那么注意听。那么，当你在量尺上比现在高 1 分的时候，你又会为自己主动做些什么不同的事情？（**振奋式引导、提升量尺的介入方法**）

当事人　当他们在跟我说话时，我会看着他们的眼睛。

咨询师　你觉得，谁会注意到你没有插嘴而是在认真听，以及在他们跟你说话时，你会注视着他们的眼睛呢？当他们看到你的这个改变时，他们会怎么响应你呢？（**循环关系问句**）

当事人　我爸妈会注意到。他们可能会知道我在听，也可能会点点头，就像他们知道我在听他们说话一样。

咨询师　当你看到他们点头，你又会如何响应他们呢？（**反向循环关系问句**）

（二）若当事人表示目前是最高分时

当当事人目前的评分是最高分时，则可询问当事人过去他们经历过最低的分数是几分？这个询问的目的是要确定当事人如何一路改善到其现在所在的位置。这个提问的问句也将使当事人详述出：他们现在在做的什么，是其在较低分时所没有做的。这些将能帮助当事人更加赏识自己是如何使用资源来达到目前的最高评分的，也能同时界定出成功事例，并再加以重复运作与扩展，从而达到更大的改善。

对于表示目前量尺分数是至今为止最高分的当事人，介入顺序可摘要如下：

» "你曾经历过的最低分数是几分呢？"
» "你做了什么，而让你能从那个分数到达你现在所在的位置呢？"（这界定出了让当事人达到目前分数的这个成功事例。接着进行振奋式引导）
» "当你比现在高1分时，你是做了什么，而让这件事情发生的呢？"（提升量尺分数的介入方法）
» "谁会注意到你的这个改变，他们会有什么反应呢？"（循环关系问句）
» "对于他们对你改变的反应，你又会怎么响应呢？"（反向循环关系问句）

下列例子演示了若当事人表示其目前的分数是经历过的最高分时，你可以运用的介入方法。

咨询师　所以，目前你在5分，而这是你经历过的最高分。我也在想，你可能在某些时刻经历过低于5分的位置，所以我想知道，你曾经经历过的最低分是几分呢？

当事人　上个月很糟糕。我们分手时我非常低落，所以那时我在1分。

咨询师　从1分到5分——这是一个很大的提升。我知道你所经历的这一切必定是很辛苦的。你这一路上做了什么，而能使你从1分到达5分呢？（振奋式引导、引发成功事例）

当事人　我开始像以前一样和我的女性朋友们出门聊天,而不是待在家里看电视。

咨询师　你是怎么能做到和朋友出门聊天的呢?(细节化)

当事人　我就一直在想,我不要让他把我击倒,我还有很多美好的事。而且我开始记起我和罗恩谈恋爱前,我跟朋友们经常共享的所有美好时光。

咨询师　这显示了你是能通过想起你所拥有的美好事物来克服艰难的时刻的。那么,当你提高到 6 分时,你将会做些什么不同的事情呢?(振奋式引导、提升量尺分数的介入方法)

当事人　我会跟父母讲更多我的近况。

咨询师　当你跟父母讲更多话时,他们会怎么响应你的这个改变呢?(循环关系问句)

当事人　他们会很高兴,因为他们就不用再那么担心我了。

咨询师　那么,当你看到他们更高兴、不再那么担心你的时候,你又会怎么响应他们呢?(反向循环关系问句)

五、书写讯息

以下是转换到讯息书写阶段的典型做法:

嗯,这些就是我想问你的全部问题了。你有什么问题想要问我吗?如果没有,我需要用几分钟来回顾一下我们的会谈,这样一来,我就可以撰写一则讯息给你,让你可以带在身边。当我在撰写讯息给你的时候,你也可以把你在会谈中的收获写一份心得给我(可以请年幼的儿童画出：当事情好转时，他们会做什么）。然后，我们就可以在结束这次会谈之前，互相分享我们所写的内容。

有些咨询师会省略 SFBC 模式中书写讯息给当事人的部分。然而，如同先前所说，将讯息部分纳入会谈历程，很可能会让 SFBC 的运用获得更大的成功。书写讯息给当事人有很多的效果：能强化他们的成功，鼓励他们后续的行动，也提供一个有形的提醒物，不断提醒着当事人的优势、力量与资源。所以，为当事人建构讯息的重要性，十分值得被重视与强调。

在 SFBC 精简版的会谈中，所说的话、所做的笔记都比较少，因此讯息会较为简短，特别是在赞美的数量上。建构讯息结构，与本书第三、四章所描述的相同，包含了：赞美、桥梁陈述（用以将目标链接到任务）以及任务。任务是一种非特定的作业形态，鼓励当事人注意有所好转的情况，并尝试去做曾经发挥效用的事情。任务的例子包含下列几种：

» 开始去做那些你曾经做过且有效让情况好转的事情。

» 注意你正在做什么事情，而让你知道你正在好转当中。

» 假装你已经在量尺上提升了 1 分，想象"会让你在量尺上提高 1 分的事情"，并且去做这些事情。

为了帮助你保持在轨道上前进，以下这个流程图（图 5.1）为精简版会谈的步骤提供了一个快速的参考指引。这里有一份记录单（图 5.2）修改自我以前的学生金·麦金尼所发展的记录单，它能提供一个便利的方式，让你为这个简短的会谈进行笔记的组织工作。

图 5.1　SFBC 会谈精简版的会谈流程图

建立融洽的咨访关系与解释会谈历程

界定目标，询问：
"你对于我们会谈最大期望是什么呢？"
引发细节，以建立正向、细节化的目标

评量，询问：
"关于这个目标，在 0 到 10 分的量尺上，0 分是你所经历过最低潮的时候，而 10 分是目标完全达到的时候。你现在是在几分的位置呢？"
"关于这个目标，你曾经历过的最高分数是几分呢？"

若当事人过去有更高的分数　　　　若这是有史以来的最高分

询问："那时候你在做什么与现在不同的事情？"　　　询问："现在你在做什么事情，是你那时候没有在做的？"

询问："你是怎么让这些事情发生的？"
详述细节、振奋式引导

提升量尺的介入方法：
"当你比现在高 1 分的时候，你会是在做什么你现在没有在做的事情呢？"

询问循环关系问句：
"谁会注意到这个改变，以及他们会对你有什么反应呢？"
"你又会怎么响应他们？"

┌───┐
│ 书写讯息给当事人，其中包含：**赞美、桥梁陈述、任务** │
│ 请当事人将会谈所学或有帮助之处写成笔记（或画图） │
└───┘

┌───┐
│ 将讯息念给当事人听；让当事人分享笔记或图画；各复印一份给你们两人 │
└───┘

Copyright ©2014 by Corwin Press. All rights reserved. Reprinted from *Brief Counseling That Works: A Solution-Focused Therapy Approach for School Counselors and Other Mental Health Professionals*, Third Edition, by Gerald B. Sklare. Thousand Oaks, CA: Corwin Press, www.corwinpress.com. Reproduction of this figure authorized only for educators, local school sites, and/or noncommercial or nonprofit entities that have purchased this book.

图 5.2 SFBC 会谈精简版的记录单

当事人：_____ 日期：_____	日期／时间 下次会谈：_____
当事人的目标 ● 你对于我们会谈的最大期望是什么呢？ **建立正向、细节化的目标**	
评　量 ● 关于这个目标，在 0 到 10 分的量尺上，0 分是你所经历过最低潮的时候，而 10 分是指目标达成的时候。你现在是在几分呢？	目前的分数： 0 1 2 3 4 5 6 7 8 9 10
确认曾经历过的最高分： ● 关于这个目标，你曾经历过最高分数是几分呢？ **若当事人过去的分数较高：** ● 那时候你在做的什么事情，是与你现在所做的事情是不同的呢？ ● 你是怎么能让这些事情发生的呢？**振奋式引导** **若这是有史以来的最高分：** ● 现在你在做的什么事情，是你那时候没有在做的？ ● 你是怎么让这些事情发生的呢？**振奋式引导**	曾经历过的最高分： 0 1 2 3 4 5 6 7 8 9 10
提升量尺的介入方法 ● 当你比现在高 1 分的时候，你会是在做什么你现在没有在做的？	
询问循环关系问句 ● 谁会注意到这个改变，以及他们会怎么反应呢？ ● 你会怎么接着响应他们？	
书写讯息给当事人，包含 　　**赞美**：关于目前的成功 　　**桥梁陈述**：链接目标与任务 　　**任务**：当事人要去做的行动／观察 当事人将所学，写成笔记／画图 将讯息念给当事人听；当事人分享笔记／图画 两人都各得一份讯息与笔记／图画的副本	

Copyright ©2014 by Corwin Press. All rights reserved. Reprinted from *Brief Counseling That Works: A Solution-Focused Therapy Approach for School Counselors and Other Mental Health Professionals*, Third Edition, by Gerald B. Sklare. Thousand Oaks, CA: Corwin Press, www.corwinpress.com. Reproduction of this figure authorized only for educators, local school sites, and/or noncommercial or nonprofit entities that have purchased this book.

六、SFBC 会谈精简版案例

下列案例示范了焦点解决取向的精简版。这是我与八岁的林肯（小学三年级学生）的咨询案例。林肯的母亲将他转介给我做咨询，希望能在她因为林肯的品行不端、暴怒，以及学业成绩不及格等问题而将林肯送至精神科医生处用药之前，先试图帮助林肯。当我与林肯会面时，我使用克拉尔的方法来进行精简版的会谈，其要求要以评量的方式来开启会谈（Kral, 1994）。从那次工作之后，我便将我所发现的有效的改变做法纳入其中，修改了克拉尔所建议的简短会谈格式。不过，这个案例反映的是较早期、还未修改方式。

会谈开始时，我请林肯在 0 到 10 分的量尺上界定他现在位于哪个位置。简短地讨论了他的评分之后，他表示他的最低分是 0 分，那是在数月前他爸爸去世的时候（想到这件事，他开始哭泣）。我表达了一些同理之后，询问他现在在量尺的几分位置，林肯则回答说他在 1 分。当被问到他是如何从 0 分到 1 分时，林肯思索了一下，回答说："我记起了一些像是跟爸爸一起去露营、去迪斯尼乐园的事，还有我们拥有的快乐时光。"他也记起有一次，他曾略微和妈妈提及自己是如何的想念爸爸的（他之前从未跟任何其他人谈起爸爸的事）。

随着他继续述说，我再次请他界定出自己此时此刻是在量尺上的哪个位置，他回答 2 分。我问他如何能在五分钟之内就提升了 1 分，他回答:"当我想到我是想念爸爸的时候,我可以说一说关于他的事情。"为了帮助林肯多加应用他刚才发现的资源,我询问林肯,当他在3分的时候,他会是在做什么事情。他回答:"当我需要的时候,我可以在晚饭后和妈妈说一说爸爸的事。"

我书写了下列简短的讯息给林肯:

我真的印象非常深刻,你是那么的了解自己对爸爸的感觉。你知道为他的去世感到伤心是OK的;而且,你也知道在你难过的时候,可以和妈妈谈一谈爸爸,这会是重要的事情。回想并且记得你和爸爸一起去迪斯尼乐园和露营时所拥有的美好时光,是有助于你振作起来的。

为了让你专注于前进到3分的目标,在这一周,请注意你为了自己所做的能让情况好转的事情。

在林肯的第二次会谈时,他面带笑容,蹦蹦跳跳地出现在我的办公室。我问他怎么会如此开心,他回答说是要来和我见面而且不用上课的缘故。我询问:"这一周有什么事情变得比较好了呢?"他回答,他现在是在量尺的10分。他说,这一周他常和妈妈谈起爸爸。他也表示,自己跟妈妈谈了爸爸的事,也让妈妈变得开心了。林肯还提及,过去这一周,他每天都在学校赢得了自由的游戏时间。当我问到那是否与以往有所不同时,他立刻回答:"当然不同啰,因为这是这一年来,我第一次赢得游戏时间呢。"当我问到这有何不同以及他是如何让这个情况发生的时候,他答道,他在回答老师的问题前会举手;在老师允许他站起来之前,他会待在座位上;他也会服从老师给予的指令。

第二次会谈的两周后，也就是第三次会谈时（也是最后一次），林肯汇报了他的持续进展。他与妈妈关于爸爸的谈话仍然在持续，但是谈的频率减少了，因为他感觉哀伤减轻了。此外，林肯在学校的成绩也在持续进步。除了前述的改变之外，他也开始按照老师的要求，在走廊好好走路，而不乱跑；在校车上，他也会在座位上坐好；林肯也开始和其他不爱捣乱的孩子一起玩。这些行为带来了更少的麻烦，以及更多的自由游戏时间。林肯的母亲对于他的进展非常感动，因此便没有再咨询精神科医生。之后，她也转介林肯的弟弟前来咨询。

七、本章总结

　　本章讨论了精简版 SFBC 会谈的应用模式，这个版本对于拥有大量个案、与当事人会面时间有限的学校咨询师和心理健康工作者而言，是很有用的工具。精简版的会谈，让咨询师和心理健康工作者能以近乎原有方式减半的时间来进行 SFBC。

第 六 章

后续会谈

Conducting Subsequent Sessions

当事人在初次会谈时会被指派任务：继续做有效的事情，或注意察觉生活中有所好转之处。当进行第二次会谈或后续会谈时，会面的开始则基于这一前提：当事人在两次会谈之间，执行了上述任务，并对进展之处有所观察。我发现多数当事人会反馈有正向的改变发生；而反馈并无进展发生的当事人，若再进一步以焦点解决取向探问后，也都至少指出一些细小变化的发生。由于 SFBC 取向强调拥有资产（assets）的概念，而让当事人较有可能反馈：情况自前次会面至今，是有所好转了的。

本章对于如何进行第二次或后续会谈提供了详细的介绍。无论在初次会谈的时候使用的是本书第一、二章描述的 SFBC 完整版还是第五章的 SFBC 精简版，本章将介绍的一系列介入方法都可用于初次会谈之后的第二次或后续会谈之中。本章的主题包含了：开启后续会谈的建议、EARS 程序（引发、扩大、强化、再次开始）、在后续会谈中使用评量的诀窍、评估进一步咨询需求的建议、在后续会谈中使用的流程图和记录单以及结合真实案例对后续会谈的总结。

一、开启后续会谈

在问候了当事人之后，在开启第二次或后续会谈时，可向当事人进行以下说明：会谈将会用一些时间谈谈目前的情况如何，也会在会谈结尾时，彼此撰写讯息给对方来作为该次会谈的结束。在说明之后，以回顾当事人的目标来开启讨论。例如，你可以这么说：

"我们第一次会面时，你决定你的咨询期望（或目标）是要_____。这次我们会用几分钟谈一谈现在的情况如何，以及，什么对你来说是有用的。当然，就像我们在第一次会谈时所做的，我会询问你一些问题，也会做一些笔记。然后，在我们这一段相处的时间结束时，我会撰写一则讯息给你，也请你写一份心得（或画图）给我。"

二、第二次或后续会谈的要素

后续会谈就如同初次会谈，在会谈中依循一个条理清晰的程序是很重要的。本章的这一部分将描述与当事人在第二次或后续会谈中循序渐进的历程，并推荐使用的介入方法。多数的介入方法（如：

细节化、振奋式引导、心灵地图、微观检视、循环关系问句、"还有什么呢"问句、撰写讯息）会令你感到很熟悉,因为它们与初次会谈所使用的技术相同,或仅是这些技术的变型。

后续会谈（第二次会谈或再之后的后续会谈）由以下要素构成：（1）询问什么有所好转或有所不同了；（2）使用 EARS 程序（见下页）来引发和扩大有所好转的事物；（3）进行评量；（4）适当时,对是否需要额外的会谈次数进行评估；（5）撰写讯息。

（一）询问"什么有所好转了呢？"

在你问候当事人、重述咨询目标、说明会谈中会进行的事项之后,可询问这个简单的问题："从我们上次会面到现在,有什么地方好转了呢？"当事人通常会以下述的四种方式之一来回应：（1）情况好转；（2）情况相同；（3）情况恶化；（4）情况有所不同但并非好转。对于这四种回应,可使用的介入方法有所重叠。然而,为了能为每种回应都提供如何处理的"操作"（how-to）指南,以下将分别予以说明。

1. 若当事人表示情况有所好转

在我的经验中,最常见的回应是：情况有所好转。当收到这样的回应时,如同你在初次会谈中扮演的角色,需接着引发"当事人是如何带出正向改变"的细节,并对这些有生产性的想法或行为给予强化或振奋式引导。在第二次或后续会谈中,SFBC 模式使用 EARS 程序来达成这些目的（Berg, 1994）。EARS 是下面一系列步骤的缩写。

EARS

» 引发（elicit）好转之处的细节；

» 使用循环关系问句,扩大（amplify）好转之处所带来的影响；

» 强化（reinforce）当事人让事情好转的做法；
» 再次开始这个程序（start the sequence again），以检视还有什么其他事物有好转。

引发（Eliciting）：

与初次会谈相似，你需要对与当事人目标有关的成功事例进行细节化。在当事人告诉你，从上次会面以来有了什么样的好转之后，可通过以下问句引发细节："情况是如何好转的呢？"或者"你做了什么而让情况能好转呢？"

扩大（Amplifying）：

EARS 的"扩大"要素意在探究进展的涟漪效应：当事人的行为改变促使他人更加正向地回应当事人。详细讨论当事人的努力付出所引发的互惠情形，将会赋能当事人认识与认可自己行为的影响力，进而强化当事人愿意接受进一步的挑战——这可能是当事人原本没有意图去做的事。这项要素运用了第二章所述的循环关系问句。在第二次咨询会谈的结尾，一名行为障碍班级的五年级男孩，做出了以下评论，显示了扩大成功所能产生的有力影响：

我喜欢来这里，因为在任何其他地方，我都没有机会跟别人讨论我做的各种好事情，以及当我做这些好事情的时候，我的朋友和老师是如何和我互动的。这甚至帮助我去做更多好的事情。

强化（Reinforcing）：

"强化"或"振奋式引导"是 EARS 程序中的第三个步骤，对于多数咨询师来说应该是很熟悉的步骤。如同本书前几章所述,在当事人意识到自己在生活中为了达成正向改变所做的付出并且获得支持时,一个心灵地图将会形成,在未来类似的情境中指引他们。因为这部分的会谈步骤与第三章的成功事例探讨和振奋式引导类似,故此处不再重述相关技术。

再次开始此程序（Start the Sequence Again）：

询问"还有其他什么事情也好转了呢？",并以 EARS 接着引发细节、扩大循环式关系,并强化当事人已采取的正向行动,重复这个步骤数次。

若当事人难以回忆起事情有些轻微好转的时候,微观检视是很有帮助的。如第三章所述,使用这个技术时,可以询问当事人情况稍微好转的时间片段（例如过去几天、昨天、今天、过去那个小时中）。这通常会帮助当事人回忆起成功的时刻。下列为微观检视的例子：

» "(这一周 / 昨天 / 今天 / 过去这一小时)怎么样呢？"
» "谁可能注意到,你昨天或今天有哪些好转或不同了？他们会注意到的是什么呢？"
» "你想你朋友这一周可能看到了什么,让他们知道你有了一些变化呢？"

2. 若当事人表示情况相同

若当事人回复,从上次会面以来并无改善,建议你可以采用下列的回应策略：使用聚焦于应对技能与资源探索的介入方法。因为这些应对技能和资源将能帮助当事人免于让情况和处境更加恶化。例如，询问当事人，自前一次会面以来，他们如何能够设法继续进行特定事情，而没有弃守撤退，或者，如何能够支持自己与坚守立场，而没有被击败。当事人有所回应时，需认可当事人所展现的应对技能；同时，也要能"倾听出有所好转的事物"，即使只是微小的迹象，然后指出情况有所好转之处，或不像以前那么糟糕的地方。如果当事人完全无法回忆或辨识出情况稍微好转的时刻，可以利用问句帮助当事人回忆。在当事人回复情况相同的时候，则可使用下列问句。

» "你'每时每刻'都很伤心/焦虑/抑郁吗？"如果当事人回答："没有。"那么便说："那么，这表示有些时候情况是稍微好一些的。请告诉我哪些时候是情况稍微好一些的时候。"

» "你是怎么努力让情况没变得更糟的呢？"

» "我猜，如果你用几分钟想想看，也许至少可以记起某一个稍微好一些的事情。"

» "所以，你在过去这个礼拜中能够支撑自己，那一定很不容易。你是怎么能做到的呢？"

在当事人表示情况相同的时候，一些有效的介入方法如下列对话示范。

咨询师　关于你希望能感觉不那么抑郁、能更开心的这个目标，请告诉我从上次我们会面之后，有什么地方好转了吗？

当事人　没有好转的地方。

咨询师　你每时每刻都觉得很抑郁吗？

当事人　嗯,也没有,也不是每时每刻。

咨询师　那么,这表示某些时候情况没有那么糟,你会有感觉较为好一些的时候。

当事人　是的,我猜是这样。

咨询师　那么,请告诉我其中的一个时刻,是你感觉比较不抑郁和比较好一些的时候。

当事人　嗯,我前几天去跑步,跑完后我似乎感觉比较好。

咨询师　所以,听起来去跑步对你来说会是一个能让你感觉比较不抑郁和比较好一些的方法。你那天是怎么决定要出去跑步的呢?

当事人　我想起以前我在操场跑步时,我的身心状态都很好。

3. 若当事人表示情况恶化

当事人可能会表示在上次会面后情况比之前说的恶化了。当这种情况发生时,可接着询问当事人:"情况怎么可以没有更糟糕呢?"当事人的回答将能帮助他们厘清自己是如何防止情况"完全"崩溃的。在这样的对话中,你需要倾听出有所好转的事物,倾听任何指出情况有所好转的迹象,即使只是轻微的好转。这一介入方法将可以帮助当事人理解与认识到他们已经使用的应对技巧,而且这些应对技巧帮助了他让情况没有比这周更糟糕。界定出当事人应对的方式,将会指认出解决之道。利用逆境中的成功事例——无论多么微小的成功——将可以把不愉快的经验扭转为蕴含希望的时刻。一旦界定出成功事例或应对技能,便可以继续进行前述的 EARS 程序。若当事人回复情况恶化时,可以使用的系列问句如:

» "整个礼拜中,每天、每分钟的情况都很不好吗?"
» "请告诉我,在情况起伏之下,有哪一个时候,是没有像大多数时候那么糟的?"
» "当事情不那么糟糕的时候,你都有什么变化呢?"
» "当情况不那么糟糕的时候,你有着怎样的不同呢?"

下列是一名12岁女孩的真实案例,她因为情绪控制的问题被转介来咨询。这部分的对话节录显示,"倾听出有所好转的事物"将如何引领当事人认识到其能用来帮助自己实现目标的一个工具。

咨询师　那么请告诉我,从我们上周会面以来,你发脾气的状况,有什么好转或不一样的地方呢?

当事人　情况更糟了,因为在我离开你的办公室的五分钟后,我就跟一个女生打了一架。有人付她一美元要她来揍我。

咨询师　那么,你是怎么处理的呢?

当事人　嗯,我停了几秒钟,然后打了回去。

咨询师　这和你平日的做法有什么不同吗?

当事人　有,因为我通常不会停下来就直接打回去。还有,现在我想起来了,这次我没有骂脏话。

咨询师　哇,所以这一次,你有一点可以控制你的脾气了。你是怎么努力做到的呢?

当事人　嗯,我心想,如果有一天我想要当一名老师,我必须要能控制自己的行为,也要小心自己从嘴巴讲出来的话。

咨询师　所以,通过想到你未来要当一名老师,你已经找到了一个可以控制自己脾气的方式。

当事人 是的,我想那会帮助我保持住对自己的控制。

4. 若当事人表示情况有所不同但并非好转

在极少的案例中,当事人会指出情况有所不同,但不一定是好转。在这种情况下,与初次会谈相似,可以采用探索问题例外或成功事例的问句。随着探讨何处已有不同,请仔细关注任何进展的征兆,即使这些进展与当事人目标的相关性微乎其微。一旦当事人的这些先前未能被辨识的成功被指认出来,便可接着使用 EARS 程序来引发细节,并对有生产性的行为予以强化。

(二)评量

完成 EARS 程序后,便可接着使用先前描述过的评量技术,来评估当事人从上次会面以来的进展。咨询与精确的科学不同,要测量所谓的有效性具有高度挑战。然而,评量技术提供了一个可行的方式,能重复地搜集当事人个人对改变的自评观点。

当你请当事人评量目前与目标有关的相对位置,他们处于什么分数时,先不要提醒当事人他们之前的分数是多少,这样可以避免每次会谈的评分互相影响。当事人需要尽可能客观地回答,不要受他们先前评分的影响。你往往会发现,当事人在 0 到 10 分的量尺上所做出的评分,会随着时间反映出正向的趋势。

标准的评量问句问法为:"在一个 0 到 10 分的量尺上,0 分是指问题有史以来最糟糕的时候,而 10 分是代表你的问题已经完全解决的时候,那你现在位于几分的位置呢?"除此之外,你也可以改编问句,用来评估其他因素。例如,可以请当事人评量他们对于自己能够实现目标或相信自己会继续改善的信心程度;或者请他们评量,当周遭环境诱使其偏离计划时,他们相信自己会坚持抵抗的意志力程度。还可以询问当事人,他们的老师、父母、朋友、老板或其他人,在同一个量尺上,对于他们又会有怎样的评分,以此来确认当事人是如何感知"他人对自己的知觉"的。当要评估进一步咨询的需求时,这些附加的测量会格外有用。

1. 当评分显示出改善时

在你如往常一样通过询问"从上次会谈以来,什么有所好转了"来开启会谈,接着使用 EARS 程序之后,可使用评量问句,让当事人评估自己在 0 分(问题有史以来最糟糕的时候)到 10 分(问题消失了或他们的目标完全实现了的时候)之间,他们处于哪个位置。请运用第三章所描述的评量步骤——请当事人界定:他们做了什么,而能在量尺上达到更高的分数;他们是怎么努力设法让那样的情况发生的;以及其他人的反应为何(使用循环式关系问句来探询)。对于这些询问,当事人的许多回应会与 EARS 程序中给予的回应相似。然而,引发当事人量尺分数进展的细节,将可能引出新的讯息,或先前会谈中并未提及的成功。如果当事人对于进展引证了额外的事例,你需要认可其成功,并以赞美的方式进行振奋式引导。评量可以呈现出另一个聚焦于当事人成功的机会。

如同你在初次会谈进行评量时所做的,可以去询问当事人:"当你在量尺上提升 1 分时,那时,你会是在做什么不同的事情,是你现在没有做的?"也可如同先前讨论的,在会谈的这个时候,或许会使用到"标示地雷区"的方式,预备当事人处理可能产生的阻碍。

2. 当评分显示没有改善或退步时

有时，当事人可能会回复目前他们仍在与上次会谈时相同的量尺分数上，或者更糟糕的位置。在这样的情况下，有几项介入方法会是有效的：(1)询问当事人是如何没有让情况变得比现在更糟糕的；或者(2)帮助当事人回忆，在情况比较好的时候，那时他们在做什么事情。

第一种类型的介入方法提醒我们时时谨记：如果我们密切关注，便会发现，其实成功事例或问题例外是不断在出现的。即使在情况看似恶化时，也有一些时刻是情况没有那么坏甚至可能稍微好一些的。无论情况目前有多坏，更糟的情况也是有可能会发生的。当事人所做的那些让问题强度降低的事情，都能指出他们所具有的应对技能。帮助当事人确认这些技能，也将会帮助其界定出解决之道。如同以下介入方法所示：

"基于你的情况，我先前会猜想，你的分数甚至会低于2分。你做了什么，而避免降到1分或0分呢？"

第二种介入方法，则是帮助当事人回忆起，他们先前在量尺上较高分数的时候，是做了什么不一样的事情。以下例子示范了这种介入：

"所以，你从4分下滑到2分。上次你到达4分的时候，你做了些什么事情，是你现在没有在做的呢？"

当事人一旦界定出两者之间的差异，便可鼓励当事人先多去做之前让他们能比现在更为成功的事情。进行上述两种介入时，当事人的回应通常会显示出他们的应对技能，而让你有机会予以认可和强化。

三、进一步咨询的需求评估

基于你对当事人进步的判断，在某个时间点——在第二次会谈或是在后续会谈——你都需要跟当事人谈谈，是否有再增加会谈次数的需要。如果你认为当事人需要思考增加会谈次数与否，通常在进行评量之后，便是提起这个话题的适当时机。你可以通过询问当事人对其进展的情形是否满意，来提出这个议题。如果当事人不满意，便可探索什么可能会有帮助，并阐明若想要有下一次的会谈，希望采取的方向为何。下列介入方法能帮助当事人界定出目前应该结束咨询还是继续进行咨询。

» "当你的咨询可以结束时，你将如何知道呢？"

» "当你能够做些什么事情时，你就会知道，你不再需要来见我了呢？"

» "当你达到咨询效果时，你的老师（父母）会说你在做什么不同的事情呢？"

» "要让你对咨询效果达到完全满意的程度，你觉得，我们还需要会面几次呢？"

» "需要达到量尺上的哪个分数时，会让你满意地说，你已经在咨询中成功达成你所想要的了？那么，我们还需要几次会面呢？"（谨记：这项对于会谈次数的估计，是可以依需要进行调整的。）

四、书写讯息

和初次会谈一样,第二次或后续会谈也会以撰写讯息给当事人来作为结尾。讯息一样会包含赞美(至少三点)、桥梁陈述、任务。如同初次会谈的结尾方式,当你在准备撰写讯息时,可以请当事人把今天在会谈中学习到的心得写下来,或者写出:当他们正在达成目标的轨道上时,他们在做些什么事情。对于较年幼的儿童,你可以请他们画出:经过这次会谈,他们将会做些什么事情。然后把你写的讯息和当事人所写的心得(或图画)都加以复印,让你与当事人都拥有一份自己与对方的复印件。

五、第二次或后续会谈的工具:流程图与记录单

下列流程图(图 6.1)与记录单(图 6.2)是第二次或后续会谈的工具。该流程图为实施 SFBC 步骤,提供了快速的参考指引。而这份记录单则是修改自我以前的学生金·麦金尼所发展的记录单。这份记录单经过特别的设计,可以帮助你组织笔记,减少书写的时间。

我建议你同时使用这些工具。因为会谈的过程往往会因为当事人的回应而有所差异,所以流程图将会帮助你保持在轨道上前进,而记录单则会帮助你进行笔记的组织。将第二次或后续会谈的流程图、记录单,都以 A4 纸印出一份,分别将它们置放在翻页记事本或活页夹的两侧。这样可以让你在会谈时,很方便地拿到这两样工具。

图 6.1　SFBC 第二次 / 后续会谈的流程图

重述先前会谈中所建立的咨询目标
"从我们上次会面以来,有什么地方好转了呢？"

若情况有所好转：
使用 EARS 程序

若没有好转之处,或情况更为糟糕：
提出问句以引发成功事例,并倾听出任何进步的征兆
"情况时时都那么糟糕吗？"
"那时是什么让情况能好转的呢？"
接着,使用 EARS 程序

EARS 程序

引发好转情况的细节
使用循环关系问句予以**扩大**
询问："你是怎么让这个改变发生的呢？"予以**强化**,接着进行振奋式引导
再次开始（重复 EARS 程序,询问："还有什么地方好转了？"）

评　量
"在 0 到 10 分的量尺上,0 分是你的问题有史以来最糟糕的时候,而 10 分是
问题完全消失的时候,你现在是在几分的位置呢？"
"你做了什么事情,而能得到＿＿＿分？"
"当你在更高 1 分的位置时,你会在做什么事情,是你现在没有做的？"

标示地雷区
"如果＿＿＿＿造成＿＿＿＿（插入当事人的目标）的阻碍,你会怎么做呢？"

评估继续会谈次数的需求
"当我们不再需要会面时,你会如何知道呢？"
"当你在几分的位置时,就会让你知道我们不再需要会面了呢？"

撰写讯息给当事人

包含赞美（三项）、桥梁陈述、任务

请当事人将会谈所学写成笔记／画图

将讯息念给当事人听，并让当事人分享笔记／图画

你们两人都各得一份自己与对方的副本

Copyright ©2014 by Corwin Press. All rights reserved. Reprinted from *Brief Counseling That Works: A Solution-Focused Therapy Approach for School Counselors and Other Mental Health Professionals*, Third Edition, by Gerald B. Sklare. Thousand Oaks, CA: Corwin Press, www.corwinpress.com. Reproduction of this figure authorized only for educators, local school sites, and/or noncommercial or nonprofit entities that have purchased this book.

图 6.2 SFBC 第二次 / 后续会谈的记录单

当事人：＿＿＿＿　日期：＿＿＿＿	日期 / 时间 下次会谈：＿＿＿＿
重述上次会谈所建立的**目标** **询问**："从我们上次会面以来，有什么地方好转了呢？" **若当事人表示情况有所好转**： 继续下方的 EARS 程序 **若没有好转之处，或情况更为糟糕**： 引发成功事例；倾听进展 ● 情况时时都那么糟糕吗？ ● 那时，是什么让情况能好些的呢？继续 EARS 程序	
EARS 程序 **引发**细节，询问："情况是怎么好转的呢？" 使用循环关系问句予以**扩大**： ● 谁注意到了你的这个改变？ ● 他们对于你的这个改变有些什么反应呢？ ● 那时你又是怎么回应他们的呢？ **强化**： ● 你是怎么让这个改变发生的呢？振奋式引导 **再次开始**询问："还有什么地方好转了呢？"	
评 量 ● 在 0 到 10 分的量尺上，0 分是你的问题有史以来最糟糕的时候，而 10 分是问题消失了的时候，你现在是在几分的位置呢？ ● 你做了什么事情，而能得到＿＿＿分？ ● 当分数更高 1 分时，你那时会在做什么事情，是你现在没有做的？	0 1 2 3 4 5 6 7 8 9 10
标示地雷区 ● 如果＿＿＿＿对＿＿＿＿（目标）造成阻碍，你会怎么做呢？	
评估继续会谈次数的需求 ● 当我们不再需要会面了，你会如何知道呢？	
撰写讯息给当事人，包含 　　**赞美、桥梁陈述、任务** 当事人将所学写成笔记 / 画图 将讯息念给当事人听，当事人分享笔记 / 图画 两人都各得一份讯息与笔记 / 画图的副本	

Copyright ©2014 by Corwin Press. All rights reserved. Reprinted from *Brief Counseling That Works: A Solution-Focused Therapy Approach for School Counselors and Other Mental Health Professionals*, Third Edition, by Gerald B. Sklare. Thousand Oaks, CA: Corwin Press, www.corwinpress.com. Reproduction of this figure authorized only for educators, local school sites, and/or noncommercial or nonprofit entities that have purchased this book.

六、心理健康情境中的后续会谈

下列是与一位当事人所进行的后续会谈。这位当事人是在第四章中提到的那位患有创伤后应激障碍和双相情感障碍并有家暴史的当事人。该心理学家在这次会谈结尾，撰写了下列讯息给该当事人。

与你每周会面，听你所说你生活中发生的所有美好的事情，真的是一件很快乐的事。儿童保护社工越来越信任你，让你每天都跟你的孩子们待在一起。你的妈妈也越来越信任你，甚至让你全权负责孩子们从上学到上床睡觉的所有生活。其他人也开始赞美你是多么的平静和友善。你非常努力地去改变关于"你需要很强势、有侵略性，才能获得安全；其他人应该受到那种对待"的这些想法。我知道这很不容易，也知道你必须让自己变得脆弱才能开始说出你内心的想法。当你开始练习更有礼貌地讲话，也开始说服自己"他人并不总是该受到攻击"时，你的确承担了一个真正的风险。你持续挑战自己看待他人的方式，比如你会想到，"得来速"（drive-through）员工可能只是像你一样，是一个会犯错的人。当你说到，你发现总有需要学习的事物、你不全然都是对的的时候，你变得很谦虚。我印象特别深刻的是，你是如何把妈妈拉到旁边去谈孩子们的事，而不是直接在他们面前讨论。即使妈妈没有真正为发生在你身上的事情负起责任，即使她有权力令你跟孩子们保持距离,但是你还是很尊重地和她说话。你了解到,亲切待人确实是有效的,即使是对妈妈。当你谈到妈妈是如何成为她现在这个样子时,你也好像已经开始原谅她了。你做得很好,妈妈甚至会遵从你的建议,来教育孩子,或对孩子们设定家庭规则。你的改变甚至也让妈妈的行为开始产生不同。我看到你还在尝试着用新的方法来和女儿亲近、产生联结。你不再只是要求女儿服从你,你开始会开放地和女儿谈论你的期望,做出更多的解释,但是又能保持坚定。随着你的女儿慢慢长大并开始变得独立时,你能这样做真的会很有帮助。她在这个发现自我的过程中,会挑战你的规则和指令,而你已经学会灵活应对,帮助你们在改变过程中保持彼此的关系。你真的是孩子们的典范:如何过一个健康的生活,如何不具攻击性,以成熟、清晰、有礼、耐心、谅解以及赞美的方式与人说话,如何在负起个人的责任下,满足他们的需求。这些都将会给他们一个最好的机会去成长,去建立属于他们自己的健康关系,在未来组建一个好的家庭,从而终结世代的虐待和暴力。因为你对孩子们的这份愿景有如此大的投入和承诺,所以我鼓励你继续保持这些想法和行为,持续为孩子们示范你所希望他们能拥有的未来。(E. Jackson, e-mail, January 17, 2014)

在这次后续会谈的结尾,当事人撰写了以下心得给治疗师。

我感谢我学习到的所有事情,以及你在我的事情上所投入的关心,包括你确认我收到了讯息、我在你办公室里的收获,以及把它们运用到我日常的生活中。这些都帮助我成为一个更好的人、更好的女人,最重要的是,成为一个更好的母亲。你教会了我要如何坚定、自信，要如何变得身心健康，要如何在事情不如我所愿的情况中做出反应。我爱上了这个我正在成为的人。

我总是期待着我们的会谈，对于我能告诉你有关我的事情，能信任你、信任你的意见，我感觉真的很好。这些都是我从未告诉过其他人的。我很感谢你。我觉得你是我生活中的一部分，不能来见你，我会很难过。我曾经向其他治疗师和权威角色们大大赞美过你喔。

这位治疗师总结了当事人的进展，并汇总了她观察到焦点解决取向对此当事人所产生的影响。

这样的当事人常会需要数年的治疗。要解决过去的创伤、学习挑战自己的思维方式、练习新的行为等，预计是要花费大量时间的。本质上，那就像是要改变原有的人格特质。这位女士却很快地完成了这些步骤。在我写这则讯息的时候，她对于他人回应风格的改变，已经维持了数周，即使是在像先前会激起她极大攻击性的情况中。她全心全意地拥抱她的新愿景，她也很自豪示范一个完全不同于以往的、与人相处的方式给孩子们看。她积极准备着给孩子们道歉的会面，也参与他们的治疗。她对孩子们的探视时间和接触权被延长了，也有一个在四周后的听证会上归还她的监护权的计划产生。

焦点解决治疗不仅帮助她从自己的优势力量中成长，也帮助她辨识出攻击性或新问题即将产生的危险信号。她还制定了一个计划，依据她已经做得很好的地方，来应对未来的危险与挑战。这位当事人预后相当良好，让先前认为她十分无望的人们都感到印象深刻。（E. Jackson, e-mail, January 16, 2014）

七、与学校情境中的佩特罗进行后续会谈

佩特罗的初次会谈内容呈现在第四章中,一周后与佩特罗的进一步会谈,可示范后续会谈的程序。佩特罗是一名六年级学生,先前被送来见我的原因是经常被罚暂时停学。他在这次会谈中回复,从第一次咨询会谈以来,情况已经有所好转了。佩特罗指出,他现在每堂课都会准时到课,也会把夹克放在他的置物柜里,并一到课堂上就会开始学习。他还提及自己上完厕所后会直接走回教室,不再去走廊上闲逛。他的成绩以及在学校的态度都在改善中,老师们现在也都会赞美他的进步。佩特罗宣称,由于自己做出的改变,他注意到老师们停止指责他,也变得更为亲切。这些都帮助了佩特罗提高其依从性,并遵守老师们的要求。

当问及佩特罗是如何能够让这些改变发生的,他解释说他能够提醒自己:不想要再被转介到办公室了,而且如果他能和老师们合作,妈妈就不会再接到从学校打来的关于他不守规矩的电话了。此外,佩特罗决定要和其他小孩好好说话,而不是动手打他们。因此,他和其他孩子与老师们都相处得更好了。

对于会继续进步的信心程度,佩特罗给自己打了9分。佩特罗提到,为了达到10分,他在课堂上和朋友讲话之前,会先完成所有的学校作业,他也会继续准时去上每一堂课,做所有的作业,也会听老师的话。

与佩特罗的第三次会谈是在第二次会谈的两周后进行的。他表示,他有听老师的话、交家庭作业、准时到课、在做完作业并获得老师允许时才说话,并且用"叫自己忘掉"的方式,来避免与人打架。由于佩特罗在学校的持续改善,他重新被列入了荣誉团队。佩特罗决

定靠自己继续取得成功,因此,除非他要求,便不会再增加其他会谈次数了。

咨询前,佩特罗每月会被送去见校长二到四次。相较之下,咨询后,佩特罗在该学年的最后五个月之中,只收到了一次要到校长室的转介单。在那次和校长的会谈中,佩特罗主动开启会谈,承认了他所做错的事情,说明下次会怎么改进,因此这样的事情应该不会再发生了。校长对于佩特罗改正行为的承诺和投入印象非常深刻,因此只给予他一天,而非三天的暂时停学处分。佩特罗在行为和成绩各方面的改善,在下一学年中仍持续着。

八、本章总结

SFBC 的后续会谈中,仍然充满着这个信念:当事人拥有资源,能为了自己而让情况好转。当事人被要求识别出从上次会谈到现在的进展,以及他们曾用来创造这些正向改变的方法。评量可用于测量成长,并为进一步的改善提供指引。会谈结尾,将评估增加会谈次数的需求,也让咨询师和当事人撰写讯息和心得(或图画),并分享给彼此。在需要时则会安排进一步会谈,并使用进行第二次或后续会谈的形式。

第 七 章

与强制来谈当事人工作或在有挑战性的情境中工作

Working With Reluctant Clients and Challenging Situations

并非每位前来与咨询师见面的当事人都是心甘情愿的。本章将说明一些可能的方式,让咨询师将不情愿的当事人转变为愿意接受咨询的消费者。本章也提出建议与策略,来协助咨询师更能"与当事人站在同一阵线",而能同理当事人被勉强送来咨询的状态,并将困难情境转变为可工作的目标。在某些案例中,捣乱、不遵守校规的学生之所以被送来见咨询师,是一种校方惩处的替代方式,希望能帮助学生克服所遭遇的困难。本章也将提供一些秘诀,协助你与"强制来谈"这种特定类型的当事人进行工作。

一、帮助非自愿当事人成为咨询消费者

即使当事人说出了别人要他接受帮助的原因,他可能仍然对咨询看似不感兴趣。对当事人被送来见你的不情愿表示重视,或者提出聚焦于能从这个经验中有所收获的问句,都将能帮助许多不情愿的当事人转变为有意愿的消费者。若当事人能意识到咨询可能会让转介方"卸下包袱",或惩处他的行动或会停止时,他们通常会变得比较乐于建立目标。你可以使用下列问句,帮助当事人变得较乐于接受咨询:

» "你现在知道,你的改变将能化解你们两人之间的分歧,那么他(她)希望你改变的事情,也是你所希望的吗?"

» "在你目前的立场上,这些改变如果是你为了自己而做的,这会是你最感兴趣的地方吗?"

» "如果这个情况发生了,即使只是一点点,它会对你产生什么好处,并对你和_____之间产生什么影响呢?"

(一)案例研讨:与非自愿当事人工作

下列案例示范了咨询师在恒心和耐心之下,最终达成了正向目标的确认,完成了 SFBC 的第一步。迈克是一名 11 岁的六年级学生,最近从小型乡村小学转入一所学生超过一千五百人的城市中学。虽然迈克被转介来见我,但他似乎不知道原因,因而也没有咨询目标。

咨询师　你来咨询后发生了什么变化,会让你知道,你不需要再来这里了呢?

迈　克　我不知道。我甚至不知道我是怎么会被送来这里的。我只知道是我妈妈就这样帮我报了名。

咨询师　所以,你认为是妈妈帮你报名的?

迈　克　嗯嗯。(点头同意)

咨询师　你觉得她帮你报名来这里和我见面,会是什么原因呢?

迈　克　我不知道她为什么要这样做。(摇头表示不知道)

咨询师　如果必须由你决定,你来这里见我是为了想要获得什么,那么,会是什么呢?

迈　克　我不知道我为什么必须来这里。(用手撑着头,更为退缩)

咨询师　所以,你会在这里的原因,对你来说,像是个谜。所以,妈妈没有跟你讨论这件事情,没有跟你说:"迈克,我希望你去见学校咨询师,你需要去那里,因为一些原因。"

迈　克　我只知道妈妈帮我报名课后辅导,然后有人问她,她想不想让我跟某个人谈谈。

咨询师　你需要参加课后辅导,是因为什么呢?

迈　克　因为我成绩不及格。

咨询师　你想那可能是妈妈希望你来见我的原因之一,帮助你在学校里表现得更好,并能通过你的每一门课?

迈　克　他们说,要在这一年通过所有科目,已经来不及了。

咨询师　假如有任何方式能让你通过,你会想要通过吗?

迈　克　(点头表示强烈同意)

咨询师　需要发生什么事情,你才能通过呢?

迈　克　做我所有的功课。

咨询师　这是你会有兴趣做的事情吗?

迈　克　(没有回应)

咨询师　也许你不是很确定,但是你正在思考这件事?

迈　克　(没有回应;持续看着地板)

咨询师　嗯,你觉得如何呢?通过来这里和我见面,而让成绩过关,是你的终极目标吗?

迈　克　(点头表示同意)

咨询师　这是你想要发生的事情吗?这件事情目前看起来虽然不是很乐观,但至少这是你想要做的事情?

迈　克　(点头表示同意)

咨询师　至少,万一你真的不能通过,我们还可以全面检查一次所有该做的步骤,让这种情况不会再一次发生。这会是你可能愿意尝试想想看,或者想要去做的事情吗?

迈　克　是的。

咨询师　那么,我是不是听到,你会愿意发展出一些更好的习惯呢?虽然你并没有这样说,但这是我从你所说的话中接收到的信息。

迈　克　是的,那会是很好的。

(二)和当事人站在同一阵线

另一个能靠近非自愿当事人的有效方法是:"他们是错的,你是对的"技术。咨询师在支持当事人宣称转介者的评估是错误的时,将成为当事人的盟友。以下这个转介到我这里的12岁女孩的案例,将示范这个技术。这名女孩指出,她不需要、也不想要被送来咨询。当问及是谁转介她前来咨询及其转介原因时,她表示她爸爸和副校长认为她无法控制自己的脾气。她表示她已经在违背自己的意愿下,参加了每周一次的愤怒管理课程。她认为自己并不需要参加该课程,也不需要咨询师的帮助,因为她可以控制自己的脾气。当事人用了几分钟抱怨父亲与副校长的错误评估后,我询问当事人:"所以,你是在说他们是错的,而你是对的。如果通过咨询,我们可以向他们证明,他们送你来这里是错误的,而你一直是对的。你觉得这样做如何呢?"

她回答:"你说得太对了!那样的话就太棒了。"

我接着询问她:"他们看到你做哪些事情,就会告诉我说,这些事情显示出,关于你控制自己脾气的能力,他们是错的,而你是对的呢?"

接着她便开始描述,这些描述便形成了目标:控制脾气。这正好和当事人父亲与副校长所希望她做的事情,不谋而合。

在第一次见面的一周后所进行的第二次会谈中,这名学生说,当她因为违规被副校长训话时,她安静地听着,没有像以往那般咒骂副校长,这让副校长很吃惊。副校长觉得印象十分深刻。因此,对于该生的违规行为,副校长只给予两天停学处分,而非常见的五天。类似变化也发生在班级和家中。她在向每个人证明:他们错了,她是对的。总共仅用了三次会谈,便让这位当事人走在控制脾气的轨道上了。

(三)同理不情愿的当事人

另一个能有效地让来访者成为咨询消费者的方式,就是同理被送来与你见面的当事人。注意当事人的语言和非语言线索中,显示出他对会谈不感兴趣的讯息。当观察到不情愿或抗拒的证据时,可用下述评论来处理:"我想,这里并不是你现在想待的地方。"或者"被送来这里,对你来说,是怎样的一件事呢?"若当事人表达了他们被送来见你的不悦时,继续同理他们的处境:"所以,你不认为自己需要在这里,那么,来这里,真的是一件很艰难的事情。"随着这个讨论的继续,注意适合询问此问题的时机:"你想,是谁送你过来的?"以及"你想他们送你过来的理由是什么呢?"当事人回答后,便再以此问句跟进:"如果能让他们不再一直烦你,在他们送你过来的理由当中,有没有一些理由,是你也有些关心的呢?"

(四)当焦点解决短期治疗介入没有效果时

认为每一种咨询取向都能对每一位当事人产生效果是一个不切实际的想法,SFBC 也是如此。虽然 SFBC 对于多数当事人都很成功(我发现有 80% 到 85% 的当事人实现了他们的咨询目标),但是,在有些案例中,SFBC 可能由于不同的理由而没有成功。有些当事人可能只想要抱怨与被倾听,而有些当事人则对改变不感兴趣。

一名 15 岁的初中一年级男孩鲁迪,便是这类情况的一个案例。鲁迪因为成绩不及格以及在校有捣乱行为,被转介来见我。当被问到他认为自己被送来和我见面的原因时,他最后承认了,学校里的每个人都认为他打架的次数太多了。他声称他喜欢打架,以及"没人动得了他",而且他不想停止打架。在几次尝试要对他的打架欲望辨识出例外、界定出目标失败后,会谈转移方向,试图界定出一些关于鲁迪的正向事物。我寻求了关于鲁迪在校成绩的讯息后,得知他多数的科目都不及格,除了科学之外。在科学上,鲁迪得到了 B 的成绩。我认为有了某项正向事物后,能在其上继续建构,因此专注于了解:他是如何能够在科学课表现良好的。当问及鲁迪为什么在科学课表现得那么好时,他回答:"我们可以把某些东西切碎啊。"那次会谈中,我继续赞美他在科学上的成功,以及,如果他选择在其他科目上付出努力，他所具有的学业潜能可能是什么样的。当问及他是否想要继续咨询，他婉拒了。这个案例并非要让读者感到幻灭，而是要帮助你了解 SFBC 并非对所有当事人来说都会成功。

二、使用焦点解决短期治疗与"强制咨询代替惩处"的学生工作

捣乱、无礼、有攻击性、违反校规的学生，有时会出现在你的门前——被送来与你见面，希望你可以进行处理，帮助他们改善行为，并以此来代替停学或其他违纪处分。虽然学校咨询师不是严格的纪律信奉者与执行者，但根据美国学校咨询师协会，学校咨询师的职责之一是要提供咨询来减缓导致（或即将导致）学生面临违纪处分的行为（American School Counselor Association, 2012）。在这些情况中，非自愿来你办公室报到的学生，可能会对自己需要接受咨询怀有负向预期，或许还会回忆起他们在过去的相似事件中，与师长或行政管理者之间具有面质性（confrontational）的互动。焦点解决治疗技术将能提供另一个选项，来代替管理者倾向使用的传统面质性取向。

奥斯本（Osborn）（1999）指出，实际上，面质的方式会增加当事人在咨询中的抗拒。相对的，焦点解决治疗引发并强化非自愿或强制来谈学生的"非问题性"行为，而促使了合作的产生。焦点解决治疗模式让你在讨论"导致转介发生的抱怨"及判断"转介者认为学生需要改变之处"时，保持着中立的态度。这份中立是一项优点，能帮助当事人对于你的介入持有更多开放性。考虑到这一点，你可以使用下列形式与原则来实施焦点解决取向，来与在校因有行为问题而

被强制来谈的学生进行工作。呈现在此处的方法,整合了我的观点及德容和伯格(1998)所述的内容。

我建议在与强制来谈的学生工作时,修改典型的 SFBC 程序,省略某些步骤(例如"奇迹问句"与"评量")以缩短会谈,并缩小聚焦的范围,直接专注于导致这次转介的特定议题。我之所以建议有这些改变,主要有下列理由:

» 由于和因违规或有破坏行为而强制来谈的学生工作,会与你平常的典型角色有所不同。在这些情况中,你被要求要对特定的违规行为或事件,提供一个方案来替代惩处行为,你需要处理这个立即的需求。

» 这次会面的目标会定位在"导致被转介者来与你见面"的议题上。因此,目标被转介理由所支配着。至少在一开始,咨询目标可能并非学生本人的目标。

» 与其他情境下进行会谈的多数学生相比,强制来谈的学生可能较不具有和你咨询的动机。有时候,他们甚至可能怀有敌意。

» 在很多情况下,这种会面常是非预期性的,不是那种已经排定好时间的预约会面。所以,时间可能会特别有限。

(一)与强制来谈学生工作的焦点解决程序

第一步,向学生介绍这次会面的特色,介绍它会如何不同于过去他们因为问题行为被送去见校长或副校长时,对于会谈的那种预期。强调这种不同的取向,是让学生合作的必要之举。下面介绍一个例子,示范如何开启与强制来谈学生的会谈。

我想你正在想，被送来和我见面真是浪费你的时间/很叫你恼火/糟透了/让人心烦。我猜，以前你可能因为做了某件让你有麻烦的事情而被送去见某人时，你会被处罚或停学。今天，我们将要做的是不同的。我了解，来见我对你来说可能不是一次愉快的经历。你和我都宁愿你不是在这种情况下来到这里的。我也猜测，你希望（插入转介该生来谈的人）不再一直烦你。你同意我的说法吗？

我希望能通过回顾过去一些有效帮助你在学校取得成功的经验，来帮你想想可以有什么方法，让你不用被送来见我或校长。你和我都知道，你并不是每一天都被送来这里或被带去见校长的，这让我知道，你确实知道要做什么就能够避开麻烦。如果我们可以发现与了解，你是怎么能让这样的情况为了自己而发生的，你就可以避免再次陷入这样的情况中。为了达成这个目的，我将会询问你一些需要费劲思考的问题。这些问题或许不太容易回答，但是，我想你一定能胜任这个任务。听起来你觉得怎么样？

若学生回应对于这个提议不感兴趣，可以提醒学生最有可能的替代选项——被送至校长或副校长处，并有可能导致停学或其他规定的惩处。

1. 界定问题

在确定了学生参与焦点解决取向会谈的意愿后，很重要的是要了解该生认为自己被送来与你见面的原因是什么。当学生透露了其对此情况的观点后，注意该生可能想要或愿意去做某些事物的线索。下列例句说明了你或许可以使用的问句：

» "就你的了解,我们今天会见面的原因是什么呢?"(要准备好接着分享你所知道的转介讯息)

» "你觉得_____送你来见我的原因是什么呢?"

2. 形成目标

下一个步骤是要帮助学生建立正向目标。这个目标得阐明他们需要做什么,才能避免重蹈覆辙被送来见你。接着,使用循环式关系问句,帮助学生辨识其行为改善后将会带动的涟漪效应。这能帮助学生看见,改善行为之后,会对他们产生更多正向结果的大图像。随后尝试取得学生的承诺,来进行一些尝试,即使只是一小步,从而改善学生和转介方或生活中重要他人的关系。下列对话示范了建立正向目标的方法。

咨询师　威廉斯先生(转介方)认为你需要改变的事情是什么呢?

学　生　对人更尊重。

咨询师　威廉斯先生会看到你在做什么,显示了你对人是更尊重的呢?(细节化)

学　生　我会停止对他吼叫。

咨询师　那么,取而代之的是,你会开始做什么呢?(将负向目标重新建构为正向目标)

学　生　用我平常的音量来跟他说话。

咨询师　如果你决定那样做,你和威廉斯先生之间会有什么不同呢?(循环关系问句)

学　生　他会对我更亲切。

咨询师 那么当威廉斯先生对你更亲切时,你会看到他在做什么呢?(细节化)

学　生 他会对我微笑,赞美我对人的尊重。

咨询师 你喜欢这样的事情发生吗?

学　生 是的,我喜欢那样。

咨询师 所以你觉得,用你平常的音量来跟威廉斯先生说话,会让事情好转?(注意使用学生自己的词汇"平常的音量")

学　生 或许会。

咨询师 用你平常的音量来跟威廉斯先生说话,是你可以做或会去做的事情吗?(具体特定、正向的目标)

3. 辨识过去的成功或问题的例外

在界定出正向目标后,即可使用前面章节所介绍的介入方法,去探索成功事例或问题的例外。学生一旦辨认出自己过去曾经避免问题发生的那些时刻,以及他们是如何让那样的状况发生时,便可以鼓励学生去做更多有效的事情。会谈中,可以省略SFBC取向的"评量"与"书写讯息"的要素,以节省时间。为了对界定成功事例的介入方法进行示范,下列是前面的例子的后续谈话。

咨询师 那么,请告诉我一个你很想对威廉斯先生吼叫,但是你却用平常的音量来说话的时候?(引发成功事例)

学　生 我不记得那种情形曾发生过。

咨询师 那过去这个月呢?(微观检视)

学　生 我想不到任何一次。

咨询师 那过去这几天,有什么场合是你差点要吼叫,但是你却能忍

住的？（再次微观检视）

学　　生　嗯，或许是前几天。当他问我，我是否做了家庭作业时，我很生气。我差点要对他吼叫，但是我没有。

咨询师　那显示出你可以有多么成熟。那时候你是怎么能设法努力忍住吼叫的呢？（振奋式引导与细节化）

学　　生　嗯，我意识到，他问我这个问题，是因为他希望我可以通过那堂课的考试。

咨询师　所以，当你仔细思考后，意识到威廉斯先生是真的在努力帮助你时，会让你比较容易用平常的音量来说话。（强化成功事例）

学　　生　是的，我猜，我是直到刚刚才发现自己是有这样的想法的。

咨询师　那么，当他跟你说话或问你问题时，你对你自己说，他只是试着要帮你忙，这样会是有帮助的。告诉你自己这一点，将会帮助你用你正常的音量来跟威廉斯先生说话。

此对话示范出，界定成功事例可以如何让学生辨识出资源，来控制导致转介的行为。若时间允许，还可使用"还有什么呢"问句，引发其他对于当前问题的成功事例，并接着进行同样的细节化、振奋式引导、强化等程序。

4. 为会谈做总结

若学生显示了任何程度的合作性，要赞美学生在此议题上与你一起工作的努力和意愿。记得持续赞美学生任何的正向行动、想法或主意。对于你们会谈的后续行动，或许你可以提议一个任务，例如下述之一：

» "在之后几天，你为何不试试你今天想到的办法，然后顺路来我办公室坐坐，让我知道你尝试的结果如何？"

» "在我们今天的谈话中,我很清楚地了解到,为了你自己,你是拥有让事情变好的能力的。在这一周内,尝试看看我们谈到的某些行动,然后,来我这里串个门或留个纸条,告诉我尝试的效果如何。你觉得怎么样?"

» "在这一周里,请你注意,随着事情的好转,你是做了什么事情让情况变好的,然后找一天顺路来我办公室,跟我说说你做的事情。"

三、将困难情境转变为可工作的目标

当事人呈现的某些情境,可能看似不适合进行 SFBC。然而,你可以使用某些策略,让本来无法工作的目标,重新被定为可以采用 SFBC 处理的目标。以下是一些相关的例子。

(一)当事人看起来只想知道"我为什么会是这个样子?"

咨询师 "假设你发现了原因,那么你会做什么不一样的事情呢?"
(当事人回答的细节,提供了追求的目标。)

(二)当事人表示自己"总是"很伤心、忧虑、抑郁等

咨询师 "你在生活中的每一天、每一时刻,都很伤心吗?"
当事人 "嗯,并不是真的一直都如此。"
(大部分当事人会回答:"不,不是一直都如此。"这个回应暗示出,有些时候他们是"没有"伤心/忧虑/抑郁的,这指出了问题的例外。)
咨询师 "所以,那表示,某些时候你是不伤心的。那么,那样的时候对你来说,有什么不同呢?"

（三）当事人正在面临死亡或失落

咨询师 "你希望继续的这段关系,是怎么样的一段关系呢?"或者"_____会希望你怎么继续你的生活?"或者"你与_____一起的生活中,有什么事物是很美好的,是你很希望能继续下去的?"

(对于这个问题的回答,提供了目标。)

（四）当事人为自己不能改变或不会改变寻找借口

咨询师 "你继续做……(自我挫败的行为),因此,你一定从这件事得到了一些东西。所以,你会想要改变的原因是什么呢?"

(当事人回答的讯息中,提供了目标。)

（五）当事人对于自己为何不能克服困难,给予"是的,但是"类型的答案

当事人的这种特殊的回答模式可能会让你感到被困住。你可以应用下列技术,运用这一个"是的,但是"（Yes, but）模式,来建立目标或界定出解决之道。在当事人一连串"是的,但是"回答后,咨询师可以同意当事人其中一个"是的,但是"的回答。如此一来,当事人再次说出"是的,但是"回答时,这个"但是"通常就会包含目标或解决之道。

请思考以下案例。一位因为没有完成家庭作业而在校成绩不及格的当事人表示,她知道其中一个解决之道是,一从学校回家就去做作业。你将她的陈述换个措辞:"所以,来见我之后,有一件你想达成的事情是,你一从学校回家就去做作业。"当事人以"是的,但是"来回

应你的陈述:"是的,我想在那时候做作业,但是,屋子里太吵了,我没办法做作业。"你回应:"我同意,我想不到你要如何努力设法在吵闹的屋子里完成作业。"当事人回应:"是的,但是我猜我可以放学后到我朋友琼家做功课,因为那里很安静。"当事人最后一个"是的,但是"回答,显示了某些当事人可以做且能帮助解决问题的事情。

下列对话提供了另一个例子,示范你可以如何将当事人的"是的,但是"回答转为策略,让当事人可用以朝向目标有所进展。

咨询师　看起来,当你低潮时便吸毒,是你希望改变的事情。
当事人　是的,但是我需要那样做啊,因为那是我能够应对低潮的方式。
咨询师　是啊,我也不知道你得怎么想出办法来让自己从低潮中走出来。
当事人　是的,但是听音乐好像能让我的心情好一些。
咨询师　所以,当你希望让心情好一些的时候,听音乐会是有帮助的。

如你在此例中所见,当事人最后一个"是的,但是"回应,显示了当事人能够做到哪些帮助解决问题的事情。

四、本章总结

需要协助的当事人,并不总是愿意接受咨询师的帮助。若当事人视咨询师为"告诉他们必须做什么,以满足转介方"的角色时,情况会更加严重。焦点解决治疗围绕着当事人的目标与优势(而非他人指定的目标)来建构讨论,从而避免上述常见的当事人抗拒的原因。本章包含了与强制来谈当事人工作时的特定建议。强制来谈代表了一种例外,因为会谈的目标受到转介方理由的约束。本章的末尾给出了"将困难情境转变为可工作目标"的具体技巧。本章呈现了一些焦点解决方法有用的工具,帮助你将不情愿的当事人,在克服其议题的过程中,转变为有意愿的参与者。

第八章

焦点解决概念的扩展应用

Expanded Applications of Solution-Focused Concepts

从我个人运用SFBC与从事专业训练的体会，以及通过与学校咨询师和其他心理健康领域人员的持续联系等经验中，我发现有越来越多领域可以创新应用焦点解决的概念。能看到本书呈现的SFBC成为一些创新应用的激发源头，是一件很令人兴奋的事情。本章将呈现八种扩大传统SFBC、融合焦点解决概念于其中的应用方式，包括：十秒钟"咨询"、焦点解决咨询转介单、SFBC结合玩偶与沙盘的使用、焦点解决团体咨询、焦点解决取向在整个班级咨询的应用、焦点解决家校会议，以及焦点解决式的意象引导。

一、十秒钟"咨询"

我发现学生有惊人的能力，可以清楚记得自己回答评量问句时所打的分数，以及该分数所代表的行为。咨询师可以善用这个现象，作为进行十秒钟咨询这种快速干预的基础。当在走廊、校车、餐厅遇到学生时，可以直接询问："现在你在量尺的几分位置呢？"然后你可以"竖起大拇指"或"比一个 OK 的手势"，向学生显示你对他所付出努力的认可与鼓励。接着，你可以指指学生，再转向指着天花板或天空，用支持的、非口语的讯息，鼓励学生继续向量尺的高 1 分处迈进。这种沟通的内容只有你与学生两人知道，使你和学生产生一种特定的联结，也相当具有隐私性。如果你注意到学生在量尺上的分数显著下降，便可以询问学生："我们需要碰面谈谈如何让你回到你之前前进的轨道上吗？"

二、焦点解决咨询转介单

另一个有用的工具是由卢·布莱恩特（Lou Bryant）所发展的一个以解决之道为基础的咨询转介单（personal communication, September 15, 1994）。它可供教师、行政人员、家长转介学生前来咨询时填写（请见图 8.1）。表格内询问了转介方：当学生被转介前来的问题获得解决时，他的表现将会有何不同。或许，最重要的是，为了填写表格，转介方被邀请开始关注希望学生表现出来的行为，该生已经做到了哪一部分，或者，开始能为一些已经发生的成功事例做些说明。这些项目提醒了转介方注意学生目前已做对之处，而此，常能引发有帮助的改变。表格最后邀请转介方对学生目前的行为表现进行评分，也对该生能否做出改变的乐观度做出主观评量。此表格提供了一些讯息，将能帮助咨询师对辅导该生形成可能的目标；甚至更为重要的是，此表格引导转介方能够更加关注学生的成功之处，以及有效协助学生的方法。

图 8.1 焦点解决短期咨询转介单

学生姓名：＿＿＿＿＿＿＿＿＿＿ 年龄：＿＿＿＿＿ 年级：＿＿＿＿
咨询师：＿＿＿＿＿＿＿＿＿＿ 日期：＿＿＿＿＿＿＿＿
转介者：＿＿＿＿＿＿＿＿＿＿
与学生的关系：＿＿＿＿＿＿＿＿＿＿
1. a. 在你看来，当这名学生被转介前来咨询的问题获得解决后，你将会观察到他在做什么不同的事情（目标）？
b. 发生了什么就可以证明这名学生正朝着实现这个目标迈出了坚实的第一步？
2. a. 指出部分目标已经达成了的一些时候。
b. 对于这名学生在那些时候朝向目标的进展，你会怎么描述那些进展呢？
3. 在 0 到 10 分的量尺上（最低分 0 到最高分 10） a. 你会将这名学生目前的行为，评为几分呢？ 0   1   2   3   4   5   6   7   8   9   10
b. 基于你的观察，这名学生曾经达到的最高评分是多少？ 0   1   2   3   4   5   6   7   8   9   10
c. 请为你对于这名学生"改变的可能性"的乐观程度，进行评分。 0   1   2   3   4   5   6   7   8   9   10

Copyright ©2014 by Corwin Press. All rights reserved. Reprinted from *Brief Counseling That Works: A Solution-Focused Therapy Approach for School Counselors and Other Mental Health Professionals*, Third Edition, by Gerald B. Sklare. Thousand Oaks, CA: Corwin Press, www.corwinpress.com. Reproduction of this figure authorized only for educators, local school sites, and/or noncommercial or nonprofit entities that have purchased this book.

三、在 SFBC 中使用玩偶

SFBC 另一个应用，则如唐纳德·尼姆斯（Donald Nims）博士与利蒂希亚·霍兰 – 坎迪夫（Letitia Holland-Cundiff）博士在与年幼儿童会谈时，使用玩偶来催化咨询历程的例子（personal communication, April 7, 2004）。许多儿童发现，要去讨论自己的问题并不容易，但对于无法言说的事情，有时"演出来"会比较容易。玩偶帮助这些孩子表述了难以用语言传达的事情。

在 SFBC 中使用玩偶的一项关键要素是：需与家长、老师、其他心理健康专业者进行合作。让儿童前来咨询的所谓不适应行为，常源自离婚、失落、虐待这些潜在议题的影响。能事先察知这些议题的存在，能使咨询师在玩偶演出中扮演一个主动参与的角色。

以下例子是在 SFBC 中与儿童使用玩偶的示范。八岁的埃米莉因为在班上的退缩行为，被老师转介给学校咨询师。埃米莉的母亲也表示，她在家越来越不合作、会表现出挑衅的行为。咨询师之前就注意到埃米莉父母离婚，母亲近日再婚，现在她们与继父住在一起。咨询师交给埃米莉一个中性颜色、用两片布缝在一起的手偶（Blackwell, 1997），然后请埃米莉以记号笔在手偶上画出代表她当下心情的脸孔表情。埃米莉画出的是一张悲伤的脸。透过这个玩偶跟咨询师讲话的埃米莉诉说着，她之所以伤心是因为和妈妈、继父一起搬进了新房子。咨询师询问埃米莉的玩偶,如果她不会再伤心了,那她会是在做什么事情呢?埃米莉的回答是,她会和妈妈做一些好玩的事,像是一起到公园去,如同妈妈再婚之前她们常做的那样。

配合 SFBC 流程的第二步骤,咨询师使用一个像是具有魔法力量的巫师手偶,来询问奇迹问句。当巫师手偶提出奇迹问句时,他挥舞着魔法棒,告诉埃米莉手偶,当埃米莉早上醒来的时候,是和继父、妈妈一起在家,而且是很快乐的。接着巫师手偶询问埃米莉,当她感到快乐时,她会做什么不同的事情,而表现出她是快乐的。埃米莉答道,她醒来时,会开始想着等一下要去做的有趣的事情,像是去公园、去商场,或是找朋友一起玩等。当埃米莉回答关于"妈妈会注意到她有什么不同"的循环关系问句时,她说道,当妈妈进来房间叫她起床时,她会看到自己是对妈妈微笑着的。当被问到妈妈对此会有何回应时,埃米莉说,妈妈也会还以微笑,给她一个拥抱,然后她们会一起下楼到厨房做早餐来吃。咨询师继续使用玩偶询问埃米莉,当奇迹发生后,继父又会注意到什么,而知道奇迹降临了。埃米莉表示,他会看到她的微笑,听到她的笑声,然后继父也会一起加入这些令人欢笑的活动。还有,继父、妈妈和她三个人会一起吃早餐,计划一下那天大家的行程。此外,埃米莉还会自发地自己穿衣服、整理床铺,甚至打扫房间。埃米莉微笑着说,她的妈妈一定会非常惊讶。之后,他们三个人可能还会一起去公园玩。

在 SFBC 的第三步骤中,咨询师继续使用玩偶,提供机会让埃米莉能确认出例外所在或部分奇迹发生的成功事例,即使只是一点点。埃米莉描述了一次她非常快乐的经验,是关于继父与妈妈带她去公园玩的,那是发生于他们再婚之前的事情。她记得,他们回来以后,她多么愿意配合妈妈的要求，协助处理洗衣服的事情，甚至还主动整理好自己的房间。咨询师针对这点赞美埃米莉，并询问她怎么会在没有被妈妈要求的情况下就主动整理房间。埃米莉说，因为当妈妈快乐的时候，她也会变得快乐。对于埃米莉的回答，咨询师给予了肯定。此时，咨询师选择了玩偶来扮演埃米莉的妈妈与继父，并与埃米莉的玩偶一起进行角色扮演，演出了部分奇迹发生的景象，如同埃米莉所描述的：早上醒来和妈妈打招呼、一起吃早餐、整理床铺、打扫房间，以及去公园等等。

评量是 SFBC 的下一个步骤。评量的过程中使用的纸板是系列连续脸谱，上面有从生气表情至快乐的表情。咨询师请埃米莉的玩偶拿着记号笔，圈选出一个表情，代表着在朝向达成奇迹的量尺上，她现在所在位置的表情。埃米莉圈出 7 号表情；之后，咨询师请埃米莉玩偶解释她做出这个评分的原因。埃米莉代表玩偶发言，回答了她在没被要求的情况下就主动整理了房间。当咨询师以玩偶继续询问，当埃米莉在 8 分时，她会做什么事情时，埃米莉玩偶叙述她会和妈妈一起做家庭作业，然后，她的继父会在她睡前和她一起读她最喜欢的故事书。

与 SFBC 一致的步骤是，在会谈结尾，书写包含了"赞美、桥梁陈述、任务"的讯息给儿童。在这个案例中，埃米莉因为讲出对母亲和继父的感觉及愿意用玩偶来扮演奇迹，而获得了咨询师赞美和鼓励。咨询师赞美埃米莉，如同她问题的"例外"时刻所指出，她成功达成了某部分奇迹；尤其，从她是如何在未被要求的情况下就自动整理房间，足以知道妈妈的快乐对她来说是多么重要。埃米莉的任务是要在自己的感受较正向时，专注于这些正向感受，并注意她在做什么而让这些感受出现。她也被邀请要多去注意自己在家里及学校里所做的事情，有哪些会帮助她在快乐脸谱量尺中上升 1 分。咨询师继续和埃米莉的老师与母亲合作追踪埃米莉的进展。在后续几次会谈中，有一次机会，埃米莉在玩偶的另一侧画出一张新的表情。这几次的会谈都以评量来开场，了解埃米莉当下是在什么位置，并接着以本书前面所述的第二次会谈及后续会谈的方式来接续进行。后来，埃米莉在家中与学校里，都表现出显著的进步。对于新的家庭组成，她开始能表达出自己的感受，对于学校课业更能愉快投入，而与母亲的关系也有所改善了。

以下两个例子也同样说明，玩偶能如何有效地用于 SFBC 与儿童的工作之中。八岁的莉萨正在处理压力及某些抑郁所导致的影响。她遭受了严重的家庭暴力，且有梦魇和睡眠上的困难。她的目标是：晚上睡觉时能好梦连连。使用玩偶，有助于向她示范，要如何用一种不可怕的方式来表达她的感受和想法。而玩偶也被用来帮助莉萨可视化她的奇迹：平静的安睡。追踪会谈时的评量指出，她渐进稳定地朝着她的目标前进。莉萨的母亲表示，莉萨不再做噩梦了。

四岁的贾森也在处理压力反应，以及在幼儿园中严重的行为问题。他遭遇了虐待并经历过三次寄养。贾森因为和同龄人打架而被转介来给咨询师。他的目标是能够在玩游戏时不打架。跟随着奇迹问句，贾森和咨询师使用玩偶扮演出他的奇迹：在玩篮球或桌游时，用更适当的方式与他人互动——即使是在他投篮未中或输掉一局时。他可以离开挑战性高的情境，而不用与人打架。评量的分数也显示出，他在连续脸谱中表现了从 5 分到 6 分的进步；在目前寄养之处的行为也有所进步，并能够与同龄人相处得更好。

SFBC 适用于与儿童进行工作。要帮助儿童在目前面临的许多议题上找到满意的解决之道，使用玩偶对于促进这个历程是很有价值的。

四、在 SFBC 中使用沙盘

焦点解决取向已被整合至沙盘治疗的运用中,以作为一种表达性的治疗模式(McBrayer & Chibbaro, 2012; Stark, Frels, & Garza, 2011; Taylor, 2009)。泰勒(Taylor)指出,SFBC 的步骤与沙盘的模式"共享几项基本的原理原则,而可能创造出它们聚合于理论应用上的潜能,这种应用强调韧性、优势与可能性,而无主流语言取向常具有的限制"(2009, p. 57)。

麦克布瑞尔(McBrayer)与奇巴罗(Chibbaro)(2012)成功地于沙盘治疗中,采用了 SFBC 模式的奇迹问句要素。麦克布瑞尔与奇巴罗训练一位小学咨询师及一位中学咨询师(这两位咨询师都熟悉本书所详述的 SFBC 方法)使用沙盘的方式,来帮助当事人描述奇迹问句。沙盘的素材包括:象征天空或水体的蓝色沙盘,以及几种类别的小塑像(符号、人物、动物、交通等)。

会谈实施于七名一至五年级的学生,依循着建立目标、引入奇迹问句等 SFBC 步骤来进行。接着,咨询师邀请学生使用沙盘与塑像,来"演出"或"创造"他们的奇迹。当学生完成自己的沙盘并表示满意时,咨询师则请学生描述他们创造了什么,以此引导学生探索自己问题解决的能力,以及所经验到他们在议题上一些成功的时刻。使用沙盘活动结合奇迹问句的应用之后,会谈便继续进行评量与标示地雷区的步骤。

整体而言,两位咨询师都发现整合沙盘与 SFBC 的步骤,会对学校咨询实务工作相当有帮助。除了一名学生外,所有学生都朝向其目标有所进展。特别是咨询师发现,与一般学生相比较,沙盘与奇迹问句的整合,对于正在经历关系冲突、表现愤怒与攻击行为,以及倾向使用较少口语的学生们特别有帮助。虽然这个研究采用的是小样本数的案例,但仍然对整合沙盘与 SFBC 在学校、机构和私人实务工作等情境中的应用提供了支持。

五、焦点解决团体咨询

焦点解决概念也可应用于团体情境当中。团体的应用类似于家庭咨询。在咨询过程中,当事人们会基于在小团体内外所观察到的互动,相互给予回馈。下列两个案例,将描述焦点解决方法如何应用在一年级和三年级的儿童小团体咨询中。

团体咨询:例一

以下所展现的是一位小学咨询师如何将 SFBC 改编应用于小团体情境中(Margaret Cavitt, personal communication, February 15, 1996)。成立这个团体的原因是一位一年级老师对于处理五名有行为问题的男孩们感到棘手。此小团体计划每周会面一次,每次 30 分钟,总共会面六周。值得注意的是,每次团体会面时,都会使用一面镜子。

初次团体会面

当这些学生被问到,他们认为自己为什么被要求来参加这个团体,他们表示,自己在课内外的行为,给自己和老师都造成了一些困扰。在这些团体成员承诺要学习如何改善自己的行为之后,领导者邀请他们想想:如果透过魔法,他们的问题消失了,他们的行为看起来将会是什么样子?以及,进一步地询问:问题一旦消失了,谁会注意到、会看到学生本人有什么不同？这些问题，每位团体成员都要回答。同时，也鼓励团体中的其他人帮忙提出：大家将会看到这位成员在做什么不一样的事情？

所有成员都有机会回答之后，领导者再请他们在量尺上为现在的自己评分，并指出他们在 0 到 10 分的哪个位置，以及给自己这个评分的原因。0 分指从未做过任何刚刚描述的行为，10 分则是这些被描述出来的行为总是在发生。随着学生的自评，请他们各自在镜子前与团体中面对自己，许下一个诺言：他们会做什么事情，来让自己在量尺的分数能够上升 1 分。领导者在索引卡上将每名学生的诺言记录下来，并复印一份发给该生后，这次团体会面就结束了。

第二次会谈及其后四次的后续团体会面

询问团体成员从上次会面之后的进步，同时，也鼓励他们描述在这一周所注意到其他每名成员行为上变得更好之处。接着，领导者请团体成员在 0 到 10 分的量尺上为自己评分，并用振奋式引导及细节化的方式，来探索成员是如何做出改变的。接着，再请成员们思考：这些改善的行为对于他人和自己将会产生的影响。如果学生报告的评分显示出退步则表示支持，并肯定他们对于防止让分数降到更低分所做的努力，接着询问他们接下来会做些什么不同的事情，以提高在量尺上的分数。

领导者也会引导成员们讨论，对于要让自己在量尺上提高 1 分，如何许下新承诺。学生们会回到镜子前，对自己许下诺言，而领导者则会记录内容，复印并下发修改后的诺言给学生们。

团体会面结束前，则再请成员向彼此分享：他们的进展，哪些已经被看见，他们又期望能继续看见彼此的进展为何。接着，这次团体会面便结束了。而第三次至第六次团体会面，也依照同样的形式来进行。

结果

转介这些学生来咨询的教师，报告了学生们在行为上的正向改变。这五名学生都有了很大的改善，甚至，他们在该学期中，所有的人都至少一次被评为班上的"本周好学生"。这位担任领导者的咨询师在这个团体及另一个解决导向团体中所产生的成功，让校长请她花费更多时间来做咨询工作，而非做行政事务。

团体咨询:例二

另一个在小团体中使用SFBC的例子，是黛安娜·尼科尔斯与我分享的（e-mail, March 27, 2013）。黛安娜·尼科尔斯是一位小学咨询师，参加了我在2013年3月举办的工作坊。她带领的小团体是三年级的女孩。这些女孩被挑选来参加团体是因为她们共同的需求：改善社交技巧，以及建立并维持友谊的能力。在团体会面中，领导者提出了一些本书所介绍的SFBC历程步骤中的相关问句，这些学生则轮流分享她们对每个问句的回应。领导者常给予学生具有"振奋式引导"作用的赞美，帮助她们欣赏能使其交到更好朋友的正向优势及特质。用这位领导者的话来说："发生了魔力的是，她们都从彼此身上获得了新的想法。"这让她们对于自己的回应变得更加自信与坚定。团体会谈结束时，领导者还会给予学生们一份讯息。学生们看来都很兴奋能收到领导者给自己的独特便条。

在一周后的追踪团体会面中，学生们都报告，她们现在和其他学生相处得更好，能展现领导能力，也正在交新朋友。这些学生们的老师向领导者表示，他注意到学生们的种种正向改变。虽然这个小团体限定为社交技巧与友谊议题的工作,但是这种工作程序,也能在小团体中处理其他议题。

六、使用 SFBC 的方法进行班级咨询工作

焦点解决班级咨询方案是由一位小学咨询师杰德·特纳所实施的成果分享(personal communication, April 2, 1995)。他试图帮助一些四、五年级教师处理学生之间无法好好相处、无法成为一个有凝聚力的组织、不为行为负责的各种问题。这些班级已开始分裂,也危及了学生学习。几位老师特别请特纳帮忙,因为他们已经一筹莫展,不知道该怎么做了。

作为对这个请求的回应,特纳形成了一个五次的班级咨询计划,这个计划采用他一直用于个别学生工作的 SFBC 取向。根据此计划,前两次会面(每次大约一小时至一个半小时)会在连续两天中进行。第三次会面(大约 60 分钟)在第二次会面后的二至三天进行;而最后两次会面(每次 30 到 45 分钟),则在一至两周后进行。以下则是特纳对于某班级使用焦点解决治疗时所使用的策略。

初次会面

在初次会面前,咨询师除了引发教师参与的意愿之外,也提醒老师,她接下来听到的,可能不会是赞赏的评论。初次会面的开场方式,是先解释咨询师为何会在这里,并概述这五次会面大家将会一起工作来解决班上的问题。咨询师让学生知道,老师邀请咨询师来帮助班级解决他们的困难,正表示着老师希望改善班级情况的一种关心

与投入。咨询师也强调,老师有意愿听到学生们对她的看法,即使这些看法不见得是正面的。

首先,咨询师建立了参与的基本规则(例如:每个人都有权利发言;不批判他人说的话;在描述情况时,学生或老师不会被指名道姓,而是用一般性的词汇来指称,例如"这里的一个孩子""班上有些学生"或"这位老师")。大家的评论意见会被记录在一张很大的纸上,这张大纸会在会面中被张贴出来,并保留到后续使用。此外,该班老师会和学生们一起参与这个历程。

会面一开始时,由学生们叙述他们所知觉到的班上的问题。咨询师询问:"这个班级的问题是什么?"来开启这个讨论。每名学生都被鼓励参与,而所有意见也都被记录下来。咨询师解释,在所有情况中,正向与负向的事物总是并存的,并请学生想想班上的正向的事物,这样他们就可以在隔天回来时讨论。这次会面,就以这项任务作为结束。

第二次会面(第二天)

下次会面一开始,咨询师便请学生们与老师指出在班上观察到的正向事物。学生答道,老师很公平、确实倾听学生需求并尝试提供帮助,某些同学没有批评或取笑他人(在这个时间点,负向目标还未重新建构为正向目标)。在这个步骤中,咨询师也请学生确认,他们观察到正向事物发生的那些时刻,是发生于何时。

接下来,咨询师提出一个类似奇迹问句的问题:若大家所有的问题都消失了,这间教室看起来会是什么样子。"让我们来假装,这支粉笔(教学指示棒、直尺)有魔力,当我把它挥过教室,奇迹就会发生。然后,在这里的每件事情,都会如你们所愿。"当学生回答奇迹问句时，负向目标被重新建构为正向目标。如同第二、三章所讨论，咨询师继续阐明描绘出奇迹图像的每个具体细节，并记录在一张大纸上加以张贴。

学生们通常会表示，奇迹是不可能实现的。咨询师则表示同意，要事事都拥有或件件皆完美，是不可能的；然而，若将目标设定为努力朝向让部分奇迹能够发生，"那么，班上的每一个同学，都愿意做出这个承诺吗？"咨询师接着询问。

咨询师此时使用了一种评量的方式：请学生们举起手并伸出手指，比出他们愿意承诺要去改善的程度是几分。没有手指，代表毫无承诺；五只手指，意味着他们几乎愿意做任何事情来让奇迹发生。之后，再以问句来对影响学生产生坚定承诺的阻碍进行探索，如："是什么阻挡你坚定承诺呢？"或"当你坚定承诺时——只要多一根手指头就好——那时你会是在做什么事情呢？"

请学生和老师写下：他们将会做什么事情，来让奇迹发生。第二次会面便以这个家庭作业来作结束。咨询师向学生强调"专注于自己会做的事情，而不是没在做的事情，或者是别人在做的事"的重要性。学生保持专注于自己要做的事情，并为自己的行为负起责任，是很重要的（除非这点有被大大强调，否则学生会倾向于专注在他人的行为上）。咨询师也提及这次会面一开始就张贴的那张写有正向事物的清单（问题的例外），提醒学生有某些内容已经发生了。咨询师几天后会再次回到这个班上，而家庭作业需要在此之前完成。

第三次会面（二至三天后）

咨询师先请学生们大声念出他们的家庭作业，请该班确认：在过去几天里，一些成功事例已经出现的时刻。当这些时刻得到了学生的注意时,咨询师便给予振奋式引导,并帮助学生细节化他们是如何让这些事件发生的。

接着,咨询师在黑板上画出一条写有数字 0 到 10 的线,0 代表班上最糟糕的时候,10 则是奇迹的一天。然后,请学生评分:他们认为班上现在在哪个位置,以及,他们做了什么,而让分数能从 0 上升到目前位置的数字(若学生的评分有歧异,可以将他们的分数平均,得出一个团体的评分)。咨询师随后询问学生,他们将必须做什么,而让分数在量尺上升 1 分,以及,他们要如何才能让那样的行为和情境发生。此外还会询问学生:"老师则会注意到什么不同,而让她知道,情况已经在量尺上改善 1 分了?"在这整个步骤中,老师也提供意见。

最后,咨询师给予一个任务:学生和老师要(1)从现在到下次会谈之间,注意自己及班上其他人所做的哪些事情,是让量尺上的分数上升 1 分的;(2)当他们观察到这些正向的情况发生时,就赞美彼此。这个活动是设计来引发班级氛围的改变的,让其从负向、批判的氛围,转变为正向与赞美的环境。

第四次会面(一周后)

这次会谈一开始,便询问学生们知觉到班级现在位于的量尺位置,以及,这周发生了什么事情,而让他们能够到达这个分数。咨询师以振奋式引导与赞美的方式肯定学生的努力,并引发细节化:他们是如何设法为了他们自己,而能让这些改变发生的。咨询师也会再次请学生们界定出:他们将需要做什么,才能让他们在量尺的位置上再提升 1 分。这次会面大约持续 30 至 40 分钟,然后与第三次会面一样,提出一个作业作为结束。这次的任务是:在情况好转时加以关注,并且彼此予以赞美,并且在最后一次会面时,针对这些好转的成功情况进行讨论。

第五次会面(两周后)

这次会谈的形式与前次相同。在会面结尾时,咨询师则指派该班继续做那些有效的、会让班级往 10 分前进的事情。

结果

在没有咨询师进一步介入的情况下,这个班级继续改善着。老师对于这次班级咨询的结果感到格外高兴,事情对她和学生都有了好转,她还从学生的回馈中,学到了要如何做一位更有效能的教师。或许最为重要的是,这位老师现在能够以"解决之道"而非"问题"作为思考的重点,并能寻找与强调"成功"而非"失败"。这个方式也赋能了她的学生们,并激励了他们的自尊。

听到了这次焦点解决班级咨询的成功之后,多位教师也都为自己的班级争取这样的机会,而他们也享受到了相似的成果。

七、焦点解决家校会议

下面所描述的是将 SFBC 原则应用于家校会议的经验,是拉斯·萨贝拉博士与我分享的。萨贝拉博士是佛罗里达海湾海岸大学(Florida Gulf Coast University)的教授,也是美国咨询师协会(the American School Counselor Association)的前会长。我们曾是同事,萨贝拉博士和我一直保持着联络。在一次关于 SFBC 的讨论中,他提及他曾帮助咨询师在家长、教师及学生的会议中使用焦点解决方法。他大方地同意在这个本书新版中,分享他所进行的焦点解决家校会议(solution-focused parent-teacher conferences,简称SFPTC)工作。以下为他描述内容的概要(e-mail, August 22, 2013)。

梅特卡夫曾归纳一个结论:"会议不应被视为一个报告学校不起作用的会面。相反,教师(和咨询师)可以建构出一个机会,去讨论什么对学生是有效的"(2001, p.18),这段话已经将传统会议与焦点解决会议的差异,做了最好的概述。SFPTC模式提供给咨询师一个工具,来促进正向、鼓舞人心的会面,从中改善事件关系人——家长、老师和学生——之间的关系,使他们更为融洽。SFPTC取向以一种有效推进历程的方式,让各方的优势与资源发挥功效。接下来几段,将介绍SFPTC历程的三个步骤,并以一个范例说明。

第一部分:简短探索问题或议题

咨询师应以焦点解决问句开启每一次会谈,例如:"作为我们一起工作的结果,我们将会如何看到约翰尼在学校表现得更好?"萨贝拉博士指出,要让家长与老师多说他们希望发生在学生身上的事,而非不希望的事情,其实并不容易。他也表示,要让各方谈谈自己的行动,而非要求他人的行为,也同样具有挑战性。他发现给予"以问题为中心"的讨论几分钟,可以产生宣泄作用,并能分散怒气而降低防卫。"问题式谈话"是可以接受的——只要咨询师维持自己"焦点解决之耳"的开放,并在会议的进行中,带领会议朝向"解决式谈话"。

第二部分:重新聚焦于解决问题的动机

让家长及老师讨论问题几分钟后,询问他们每人这三个问句:

"这个议题一旦解决后,对你和_____(学生)来说,事情会有什么样的好转呢?你会在做什么不同的事情呢?你什么时候已经做到了刚提的这些事情的某些部分呢?"这些问句会将会议从"聚焦于问题"转变为"聚焦于解决"。邀请家长与老师开始:(1)以细节描述,若问题获得了解决,他会做什么或想什么;接着(2)至少开始进行刚才所描述的行动的某些小部分,这些行动往往也会同时引导出学生的改变。这与常见的情况——老师或家长在改变自己之前,会先等待学生的改变——形成了对比。

第三部分:探索解决之道并使用评量

SFPTC 历程的这个部分,需要你运用本书所描述的任何的、所有的焦点解决介入方法——设立正向目标、细节化、心灵地图、标示地雷区、以循环式关系问句予以强化、重新建构,以及重新聚焦——来推动未来的进展。请记住,目标必须经过细节化,使其能显示出一个行动或可观察得到的行为(而非行为的消失),同时,也需要在当事人的掌控之内。例如,不要让家长来为教师设立目标,反之亦然。最后,每个目标都应明确地对"结局"有所帮助——也就是学生的成功。若时间允许,焦点解决评量在此时可能会很有用,其能帮助强化已获得的进展,并细节化未来的进展。

或者,你可以在一开始就使用评量,来作为前述第一部分到第三部分的替代选项。若你用评量来开启会谈,很重要的是必须让学生在场,并且让学生先行开始进行评量。咨询师需要先解释这个量尺,并询问学生,什么分数能代表他目前在学校常有的表现情形。接着,将这个讨论向其他人开放:询问家长在家中观察到什么情形,是能说明已有所进展的;询问教师在学校观察到什么情形,是显示了进展的迹象的。萨贝拉博士指出:"这样做的目的是将已经起效之处细节化,哪怕起效之处只有一点点。如此一来,我们就可以在这个基础上建构起解决之道了。"在学生回应之后,你可以询问在场的每位成年人,他们正在做的是什么,这样将有助于解说已经出现的成功事例。萨贝拉博士举了个例子:母亲可能回想起,在学生开始出现退步的迹象之前,她在孩子进门时会跟他打招呼,问候他当天的生活,而不是像她最近所做的——预期会得知孩子惹麻烦,并在孩子的背包翻找老师写的字条(真实故事);而老师可能会发现,与现在相比,在这个学生行为"较好的日子"中,自己较常点他发言,并能注意到他表现良好的努力(另一则真实故事)。将已获得的进展细节化,会为进行更多有效的事情铺路,并会界定出:当学生在目标上更为成功时,每个人会做的新行动。

当适合讨论未来进展的时机(当情况在量尺上提高1分了)来到时,所有参与者都可以通过回答这个问句来贡献自己的力量:"当_____(学生)在____分(下个再高1分的分数)时,你们每一位将会做更多什么事情?"这种问题往往会促使老师、家长与学生认识到,做更多"当学生表现较好时,他们在做的事情"的价值,而此也将是促进进展的关键。整个讨论中,都可以融入振奋式引导、细节化、心灵地图与标示地雷区的运用。

以下摘录自一次焦点解决家校会议过程,参与者包含:家长、教师、学生与咨询师。

在寒暄了几句后,咨询师为会议的第一部分进行开场,说道:"我们在这里关注乔妮的进展,以及她将会如何如我们所愿地重返正轨。我的目标是确保你们每位都能拥有说话的机会,并且让我们能一起想出有效的计划。乔妮,我的了解是,你的成绩在下滑。让我们从你先开始。当你回到轨道上时,你相信你将会把什么事情做得更好呢?"乔妮回答:"我不知道,也许是做更多作业?"教师突然在没有提示下就接着说话,表示他的赞同。他指出,乔妮曾完成各项作业,他一直很开心能有乔妮在这个班上。接着,他开始描述问题与不足之处——乔妮现在不带课本上课,她不参与课堂活动——此时,乔妮的母亲显然变得激动。乔妮的母亲回应并举出她认为老师行为失当之处(如:你点她回答最难的问题,你布置作业时模糊不清等)。咨询师进行介入,认同这位家长迫切想要解决现况,并将会议带往更有建设性的方向,但是这位家长持续举出老师另一个失当之处。于是老师开始为自己辩护,并补充道:"或许有事情正困扰着乔妮,使她精神无法集中?"(老师试着找出问题的肇因,是传统上"以问题为中心"会谈的特征)此时,咨询师进行如下的介入,以推动会谈的第一部分(探索问题)继续向第二部分前进(重新聚焦于解决问题的动机)。(以下"家长"指"琼森太太","教师"指"史密斯先生","学生"指"乔妮"。)

咨询师 让我们用几分钟来整理一下。到目前为止⋯⋯我们知道的是,妈妈,你很沮丧也很担心。史密斯先生,你知道乔妮可以做得更好,因为她曾经做到过。然后,在我看来是,这个情况一旦解决了,对每个人来说,生活都会更轻松(此时环顾房中的每个人),包括你、乔妮、史密斯先生,还有你也是,琼森太太。

家　长 没错。

教　师 当然。

咨询师 乔妮,让我们从你开始。当这个情况最后解决了,事情会变得比较好会是一个怎么样的情况呢?

学　　生　我会更知道作业是在讲什么,而妈妈也不会再一直为了这件事来烦我。我就不用来参加这种会谈。我可以重新拥有我的生活。

咨询师　所以,一旦你回到能完成作业的轨道上并在课堂上参与,那么你就希望妈妈不需要再为这件事而跟你起冲突。我这样说对吗?

学　　生　你说对了。

咨询师　(对妈妈说话)妈妈,如果你再也不必因为乔妮的作业而跟她起冲突,那么,相反的,你将会做的是什么呢?

家　　长　我不必再担心——我会知道她的作业已经完成且上交了。那么,我们就能聊聊其他事情。

咨询师　像是什么呢?你们喜欢聊什么事情呢?

家　　长　我不知道——可能是她周末的计划,或是她朋友有什么新鲜事。

咨询师　史密斯先生,当乔妮完成了更多功课,并在课堂上更积极参与时,你的工作会如何更为轻松呢?

教　　师　我也一样,不必再担心她了(乔妮看起来很惊讶)。然后我会更能享受有她在课堂上。我将会以她为荣,因为她做了她的事情,也做了其他我知道正在观望的学生们的榜样。我也会感到放心,因为我知道如果她做了作业,她对下一学期便有更好的准备,下学期的课业也就不会沉重地堆积在她身上。

咨询师将讨论引导至SFPTC历程的第三部分(探索解决之道和

使用评量)。在此次会议中,咨询师开启这部分的方式是使用细节化来探索解决之道,如下所示。

咨询师 史密斯先生,你说你观察到乔妮上学期表现得更好。我很好奇,你注意到她那时是什么地方做得比较好呢?请告诉乔妮,她上学期是什么地方表现得比较好或有所不同?

教 师 (对乔妮说话)那很简单。乔妮,你记得你之前常常会进教室后马上坐好,并等待上课吗?现在你在我们就要开始上课之前,似乎都还很焦躁。而且,让我们面对现实吧,你真的在上学期交了比较多的作业。

咨询师 乔妮,史密斯先生在告诉我们(简述语意)……你会说你之前是做什么事情,而能帮忙说明,你从前在上课的一开始就能够比较专注,以及,能做更多作业呢?

学 生 我不知道。

咨询师 (锲而不舍)等一等,让我们想一下这个问题。你一定做了一些事情或告诉了你自己一些话,才能帮助你在那时候能够做较多作业以及……

学 生 我不知道。也许是因为我的情绪状态比较好吧。

咨询师 好的。那么,当你在比较好的情绪状态时,你会说,你的什么方面表现得比较好呢?

学 生 我在微笑,更加放松,也更认真。

咨询师 那时,你会跟自己说什么,是你现在可能没有在对自己说的话?

学 生 就是,如果我现在就把这件事做了、熬过它,就会让生活变得更轻松。

咨询师 好的,所以当你告诉自己,如果你现在就把这件事做了、熬过它,生活就会更轻松的时候,似乎是有效的。还有吗?

学　生　就是,我需要认真专心,这样我就不会落后。

咨询师　太棒了!那么你那时候在做什么事情,而让史密斯先生知道你在专心呢?(进一步细节化)

学　生　我在听他说话,而不是跟其他小孩讲话。我那时候的精神也好多了,因为睡得比较好。

咨询师　你是怎么能睡得比较好的呢?

学　生　我比较快做完作业,而不是等到时间很晚的时候才拿出来写。

咨询师　非常棒,乔妮。我看得出来,你真的有思考,而且真的想出来了。(振奋式引导)

咨询师　妈妈,轮到你了。你会说,你之前看到乔妮在家做些什么事情,是可以让你了解,她是做更多作业的?

家　长　(沉默了几秒)她告诉我她的作业已经做完了,所以我不知道。

咨询师　所以你不确定她是否在做她的家庭作业,对吗?之前你是如何知道,她在做她的家庭作业的呢?

家　长　我不知道。

咨询师　(对乔妮说),那么,乔妮,我印象很深刻。上个学期你做了所有的作业,即使妈妈没有检查也没有问你。这有可能是真的吗?

学　生　对。(微笑)

咨询师　我觉得那太了不起了,因为那真的显示你可以多么成熟和负责。(振奋式引导)太棒了。现在,让我们继续前进。乔妮,和现在比起来,你以前都会做更多作业,即使是在妈妈没有检查的时候。我很好奇你是怎么能让那样的情况,为了自己发生的呢?

学　生　我知道那件事需要完成，而不是延长痛苦。我就是，当我一回到家时就马上去做，因为我还想去做其他事情。

咨询师　我懂了。那么如果你现在再次这样做，你将会回到轨道上去做完所有的作业？

学　生　对。

咨询师　乔妮，我知道这需要自律，因为要保持在轨道上是不容易的。你会怎么做到这件事，即使情况有时候可能会比较困难？（标示地雷区）

学　生　我知道。有很多东西很容易让我分心。

咨询师　（咨询师不聚焦在分散注意力的事物上，以不被岔开话题而进入"问题式谈话"）好的，那么你会如何保持在轨道上，即使是当你容易分心的时候？

学　生　我想我会把手机拿走，放在另一个房间，让它不干扰我，也让我拿不到它。

咨询师　听起来是一件很聪明的、值得去做的事。你还会如何保持专注，即使很困难呢？

学　生　我会拿出所有东西并准备好——课本、铅笔、饮料、计算器、我的作业单，那样我就不会站起来，然后开始松懈了。

咨询师　哇，这又是一个很了不起的主意。我必须记下这个主意，像是一个秘诀一样，提供给其他用得到的学生。稍微转一下方向……乔妮，那么史密斯先生又会在课堂上注意到什么，让他知道你已经回到轨道上了？

在这里，学校咨询师使用细节化、心灵地图、评量、标示地雷区、振奋式引导，同时也强化每一位参与者。接着，这位咨询师书写一则简短的讯息,赞美他们每个人的好主意以及对于支持这名学生未来成功的投入,并且,请他们注意进展,以准备好在下次会谈中提出来。

你应该已经得到了这样一个概念——此会谈的焦点,从问题转移到动机,到焦点解决取向的充分实践,同时融入了一层层的团体咨询技术。那的确是焦点解决家校会议背后的概念——让这个会议变为一场焦点解决团体会谈。

八、焦点解决意象引导

焦点解决意象引导(solution-focused guided imagery)结合了 SFBC 与意象引导的技术,以将 SFBC 实务工作延伸运用于各种大小的团体情境中。此处呈现的焦点解决意象引导方法,先前已曾出版(Sklare et al., 2003)。虽然最早参与焦点解决意象引导的人都是成年人,但这个方法看来对青少年也会有效。由于活动完成需要书写技能,以及,此活动并没有咨询师和每个参与者直接沟通,年幼儿童(小学学龄者)可能无法了解或完成这个程序所要求的事情,建议这个方法用于年龄为青少年或以上者。

这个历程使用意象引导技术,引导团体参与者经历一次焦点解决"旅程"。咨询师会使用类似于本书前面叙述的一系列焦点解决的方法,引导参与者进行每一个步骤:闭起眼睛并清晰地想象自己的想法、感受与行为,并用这样的方式,演示出他们正在解决他们的问题的过程。在开始会谈之前,提供每位参与者一份 13 页的讲义,每页列出一个附录 C 所述的步骤。咨询师需念出每一个步骤,并让参与者有时间将他们的回应可视化,然后再将可视化的内容写在讲义上。

此活动大约需要 40 到 50 分钟。焦点解决意象引导被发现,在小团体或大团体中都能起效,故而团体的大小则是没有限制的(Sklare et al., 2003)。附录 C 包含了详细说明此历程的一步步指导语。

九、本章总结

本章提供了转介单,帮助转介方界定出:学生若要改善处境,所需做到及已经做到的具体改变,以此提高 SFBC 的效能。本章也说明了焦点解决原则如何应用在团体与班级咨询情境、家校会议,也介绍了焦点解决治疗如何结合沙盘和玩偶的使用。最后,焦点解决方法与意象引导过程的结合,将可扩展这个取向,使其同时用于无限数量的当事人,而让学校咨询师和心理健康工作者能够有效且高效地服务更多当事人。

尾　声

在本书结尾,再次强调 SFBC 的独特优点,应该是很合适的。虽然这个取向并非对每位当事人来说都是解答之钥,但它的确特别具有多功能的效益 —— 对于许许多多的问题或诊断都能奏效。SFBC 的万用性源自一个简单的事实:咨询目标是当事人的目标,而非咨询师的、家长的、老师的、校长的、社工的或心理学家的目标。只要当事人能帮忙界定出他们希望达成的事物,无论其本质上有何困难,焦点解决取向都能奏效。

SFBC 取向另一个优点是能"快速"奏效。因为能在咨询开始之后很快地观察到效果,如,当事人会经验到动机感的强化,愿意去实践行为的改变。而与家人、老师、朋友、同事、老板及重要他人关系改善后的附带效果,也常增加了当事人做出正向选择的动机。

SFBC 取向的独特之处,在于它辨识出"关注焦点"的力量。SFBC 认识到,当咨询聚焦于问题 —— 描述问题、问题频率与问题影响时 —— 当事人通常会倾向于继续拥有这些问题;而当咨询聚焦于解决之道 —— 有效之处、如何有效、何时有效时 —— 当事人则倾向于去经历更多对于种种困难的解决之道。结果是:你会得到更多你所关注的任何事物。SFBC 的这个单纯信念，或许正是它最有力量之处。

我希望这本书激励了你要开始与你的当事人尝试这个取向的想法。我鼓励你真的能开始进行这个努力。在成为一位有效能的焦点解决短期咨询师的路途上，你很有可能经验到种种冲击。记得可以回顾本书中能解决你"卡住点"的相关章节，或者参加一些 SFBC 工作坊，这都将能帮助你产生更好的着力点。[1]

过去这 20 年，我看见了 SFBC 在学校、机构及私人执业场所里，与儿童、青少年、家庭、伴侣和成人工作上的有效性。未来存在着一个令人振奋的挑战是，能继续向咨询群体分享焦点解决取向，让更多学校咨询师、心理学家、社工、心理健康实务工作者、教育者与当事人，一起关注解决之道，共享这样激励人心的成功。

备注

[1] 如果你有兴趣在你的学校、学区、专业组织或心理健康机构举办 SFBC 工作坊，你可以写信至 gsklare@gmail.com，或致电（502）429-5221 或（502）551-3530 与我联系。在网络上，你可以看见一段关于 SFBC 的 30 分钟访谈（搜寻"Gerald Sklare Solution Focused Brief Counseling"就可找到）。

同时，你可以购买一支训练录像带。该片包含的两段 SFBC 会谈，乃是我遵循本书描述的咨询模式所进行的。影片中示范的与一名 10 岁男孩的 SFBC 初次会谈与后续会谈，是真实的案例。此影片的标题为 "Solution-Focused Brief Counseling: Two Actual Interviews With a Child"，可在 www.academicvideostore.com 网站购得（在搜寻框输入"Sklare"就可找到)。

更多关于SFBC工作坊及其他相关资源的讯息,可于www.sklareandassociates.com网站找到。

附录 A

练习将一个不明确的目标加以细节化

回应下列例句，以引发当事人的目标细节。

1. 当事人："我想得到更好的成绩。"

引发细节化的咨询师回应："为了得到更好的成绩，你会做的第一件事情是什么？"

2. 当事人："我想要做一些事情，可以让我爸妈引以为荣。"

引发细节化的咨询师回应："那么你爸妈会看到你在做什么事情，而让他们引以为荣？"

3. 当事人："我想要有更多朋友。"

引发细节化的咨询师回应："你会看到自己在做什么事情来交到更多朋友？"

附录 B

练习活动：与凯西的咨询会谈

以下的这段逐字稿[1]，给你提供了一个练习 SFBC 介入方法的机会。在开始练习之前，请先准备一张纸或纸卡，让你在阅读对话时，可以用来先遮住一些文字内容并进行思考。也就是说，当你在文中读到每个介入提示（即括号中以粗体字印刷的文字）时，需用这张纸或纸卡先遮住该提示下方的文字内容，并写下在会谈此刻，你会对这位当事人使用的回应或介入方法。接着，将你的回应与书中会谈所使用的回应相比较。由于使用 SFBC 回应当事人的方式的选择很多，因此我的回应仅为抛砖引玉。在开始这个练习活动前，你或许可以先阅读一次下列的 SFBC 介入方法提示清单，判断是否需要先复习本书前面的内容，以唤醒你对清单中所列出的 SFBC 步骤或技术的记忆。

---

[1] From *Brief Therapy With Individuals and Couples*, J. Carlson and L. Sperry (Eds.), copyright 2000 by Zeig, Tucker & Theisen, Publishers. Reprinted with permission.

焦点解决短期治疗介入方法提示清单

- 界定目标
- 为目标进行细节化
- 将负向目标重新建构为正向目标
- 细节化
- 振奋式引导
- 奇迹问句
- 循环关系问句
- 反向循环关系问句
- 摘要性陈述
- "还有呢"问句
- 成功事例/问题的例外
- "接受拥有权"的介入方法
- 心灵地图
- 评量
- 提升量尺分数的介入方法
- 标示地雷区
- 结束当次会谈的陈述

以下案例是我与一名10岁非裔美国小男孩进行初次会谈的逐字稿。他居住在一个中型城市的公共住宅中。这位小男孩名为凯西，是行为障碍班级里的学生。凯西的老师转介他前来与我咨询。这次会谈中我所使用的策略，依照本书所讨论的模式，即多数焦点解决会谈中会使用的典型策略。

初次会谈

会谈是以一段开场性的说明来开启的,用来建立融洽关系,并帮助当事人对于咨询更感自在。随后,咨询师会向当事人描述会谈中将使用的程序,并且以讨论与决定当事人的咨询目标作为会谈的开端:

(界定目标)

咨询师　是什么让你来到这里的?

凯　西　我有问题。

咨询师　你有问题?你是指什么呢?

凯　西　我喜欢招惹别人,我喜欢打架。

咨询师　这是你希望自己能够停止去做的事情吗?

凯　西　有时我想停止。有时我被惹毛了,我就会开始变得暴躁。

(将负向目标重新建构为正向目标)

咨询师　所以,如果你以后有时候能够停止惹事了,你会是在做什么事情来取代呢?

凯　西　我会看电视、玩任天堂、做我的家庭作业。

咨询师　所以,这些是你会做的,而不是惹事和打架那些事情?

凯　西　或是如果我在学校,我会在做功课,也会玩游戏。

(摘要性陈述)

咨询师　我想我对于你想做的事情有了一个图像了。你说的是,有时候，你并不想打架，也不想惹事，而且在这些时候，你比较想要玩游戏，用友善的方式来玩。

凯　西　对。

（奇迹问句）

咨询师　这是第一个很疯狂的问句：假设今晚你睡着时，有一个奇迹发生了。因为你在睡觉，你不知道这个奇迹已经发生了。当你早晨醒来时，让你来咨询的问题已经消失了，你再也不打架或招惹别人了。隔天你会注意到一些什么，会让你知道已经有个奇迹发生了？

凯　西　我不会再对他们暴躁，做任何伤害他们的事情。

（将负向目标重新建构为正向目标）

咨询师　不再暴躁，那么，取而代之的是，你会是在做什么事情呢？

凯　西　我会去朋友家，看看他们在做什么。

（细节化）

咨询师　所以你会去朋友家看看他们在做什么，而不是暴躁。那么，他们会注意到你在做什么事情，会让他们知道，"嘿，凯西……"

凯　西　你改变了。

（细节化）

咨询师　他们会说你改变成什么样了呢？他们会看到你在做什么事情呢？

凯　　西　　我不会像以前那样有时会欺负他们。

（将负向目标重新建构为正向目标）

咨询师　　不欺负他们，那么，你会在做什么不一样的事情来代替呢？

凯　　西　　我会好好地和他们说话。

（循环关系问句）

咨询师　　当他们看到你好好地和他们说话，而不是欺负他们，他们会对你有什么反应？他们会做什么呢？他们会怎么响应你呢？

凯　　西　　会对我好。

（细节化）

咨询师　　他们会做什么不一样的事情，显示出他们在对你好呢？

凯　　西　　像是，当他们投球给我而我漏接时，他们会给我一个眼神而且说："没关系，下次努力试着接到吧。"

（循环关系问句）

咨询师　　当这样的情形发生时，你又会有什么不同呢？

凯　　西　　会试着帮他们接到球。

（摘要性陈述）

咨询师　　我猜，整件事情将会产生不同的改变。如果你开始做出那个小改变，那也会造成他们的改变，然后那又会造成你的改变。

凯　　西　　对。

("还有呢"问句)

咨询师　告诉我,如果这个奇迹发生了,还有什么会不同呢?

凯　西　我不会叫他们的外号。我们会开玩笑,但我们不会叫外号。

(将负向目标重新建构为正向目标)

咨询师　不会叫外号了,那么你会做什么事情来代替叫外号呢?

凯　西　我会叫他们真正的名字,而不是说:"笨蛋,怎么啦?"

(循环关系问句)

咨询师　当他们听到你叫他们名字的时候,他们会做什么呢?

凯　西　(做出"下巴掉下来了"的动作)

咨询师　(笑)他们的下巴会掉下来。他们会说,这是一个新的凯西。他们会大吃一惊。

凯　西　他们一定会的。

咨询师　如果你那样做,会让他们大吃一惊!那你那样做之后,他们又会跟你说什么?当你用那种方式跟他们说话,他们会怎么反应?

凯　西　你改变了!他们也可能说:"你改变了好多!"

(循环关系问句)

咨询师　他们会那样说。这样的话,他们会怎么对待你呢?

凯　西　他们会对我好。

(细节化)

咨询师　他们会做出哪些对你好的举动呢?什么会让你知道,他们在对你好呢?

凯　西　就像我说的,如果我没接到球之类的,他们会拍拍我的背,然后说:"下次再加油。"当我们在踢足球而我踢歪了的时候,仍然会有人从远处直直地踢给我,让我可以接到球;如果我漏接的话,他们会只是拍拍我的背。

咨询师　你会叫他们的名字,而不用其他言语或其他东西来叫。你会叫谁的名字?

凯　西　多米尼克·达雷尔。

咨询师　所以你会说:"达雷尔,怎么啦?"

凯　西　对。说:"怎么啦?"这个话,是我不会改变的地方。

（反向循环关系问句）

咨询师　那么,如果你突然开始用名字来叫他们,说:"多米尼克,怎么啦?"然后他们拍拍你的背,接着,你又会做什么来响应呢?

凯　西　也会拍拍他们的背,或碰碰他们的肩膀。

（摘要性陈述与"还有呢"问句）

咨询师　换句话说,你会和他们有一种不同的关系。那么,有了这个奇迹之后,还会发生什么事呢?

凯　西　我会有所不同,每件事情都会有所不同。

（细节化）

咨询师　那你会注意到,还有什么事情会有不同的?

凯　西　我起床时会说:"嗨,妈妈!"或者"嘿,各位,大家起床啰!"

咨询师　所以,你会透过这个方法知道这个奇迹发生了。你会说"嗨,妈妈！嗨,大家！"或者"嘿,各位,大家起床啰！"然后你会起床。那么,谁会注意到这个改变正在你身上发生着？

凯　西　我们全家。

（循环关系问句）

咨询师　他们全都会注意到？他们会说什么呢？

凯　西　"见鬼了,你改变了！"

咨询师　他们还会怎么知道凯西已经改变了呢？

凯　西　我会帮着妈妈煮饭。我会在她到家前就开始煮饭。有时候,我会做好全部。或是,我会先做一半,然后妈妈到家后,她先休息一会儿,她再做另一半。比如墨西哥玉米卷饼,我做汉堡包和莴苣的部分,并且将饼皮加热。

咨询师　在她回到家之前？真的！哇！我打赌她会很感谢你这样做的,不是吗？会很感谢你这样的帮忙。

凯　西　对。她会很感谢我这样做。我昨天做了这些事。我们做了墨西哥卷饼。我加热了饼皮、切了些莴苣和番茄。妈妈做了汉堡包和其他所有事情。

咨询师　哇,你已经做了这件事情的一些部分了。

凯　西　对。

咨询师　那么,妈妈会注意到你在帮忙。你家里还有谁会注意到这个奇迹已经发生了呢？

凯　西　我弟弟妹妹可能会看到,我会更常跟他们一起玩。而且,我会对他们很好,就像我对我朋友一样。

（细节化）

咨询师　他们会看到你在做什么，而让他们知道："嘿，他对我不一样了，他就像是在对他的朋友们一样。"

凯　西　他们看到我在功课上帮他们。当他们问我功课的时候，我通常会拒绝他们。有时候我帮他们，有时候我不帮。当我想要对他们友好的时候，我就友好。

（循环关系问句）

咨询师　所以你会在功课上帮他们。那么这一定会让他们知道你改变了。当他们看到你在那样做的时候，他们会怎么跟你相处呢？

凯　西　他们就不会再对我暴躁了，因为他们知道我在对他们友好。我通常会先对他们暴躁。

咨询师　所以他们会对你友好，而不是对你暴躁。

凯　西　对，因为如果我对他们暴躁，他们也会对我暴躁。

咨询师　所以你对他们怎么样，你就会得到那样的回报？

凯　西　对。就像有时候，我需要功课上的帮助，他们就会帮助我做功课。

（成功事例/问题的例外）

咨询师　让我问你另外一个问题。请告诉我一些这个奇迹的某些部分已经发生了的时候。

凯　西　奇迹还没有发生。

咨询师　让我来为你回顾一次你刚刚说到的奇迹，帮助你回想。

凯　西　好。

（摘要性陈述）

咨询师　你说到,跟你的朋友说话而不是欺负他们。你说叫他们的名字,不是嘲讽他们,是用他们的真正姓名来叫他们。你也跟我提到昨天帮忙妈妈做饭。奇迹已经发生了——当你在帮忙做墨西哥卷饼的时候。

凯　西　对。

咨询师　你是怎么决定去做那件事情的呢?

凯　西　我只是试着做个好人、试着做个改变。我就只是这样做了。

（心灵地图）

咨询师　是的,但我想有些时候,你会决定不那样做,但是你昨天决定做。那时,你是怎么做出那个决定的呢?对你来说,这件事是怎么发生的呢?

凯　西　我那样做,多数时候,都是我觉得无聊的时候。没有好看的电视,或者因为我很饿、想吃东西。或者我就只是想要做个好人。

咨询师　你知道,我也猜想你是想要做个好人。所以,在你心中有这个部分。

凯　西　对。

（振奋式引导）

咨询师　"做个好人"这件事是放在你的心里的。而你有时候就是会决定你想做那样的人。

凯　西　对。这跟我的生活有关。我在生活中充满困惑,这让我就是会想暴躁起来。

咨询师　我有一个猜想：即使是在你感到困惑的时候，如果你想要，你仍然是能够做一个好人的。

凯　西　对。

（心灵地图）

咨询师　你竟然拥有那样的控制力呢。你是怎么做到的呢？你是怎么让自己成为好人的呢？

凯　西　我只是在自己的脑中说了大概50次："做个好人，做个好人，做个好人。"

咨询师　噢，所以你告诉自己："做个好人。"像这样吗？这对你来说有效吗？

凯　西　有。50次。说了50次之后我就成为好人了。有时候，我只需要说25次就可以成为好人了。

咨询师　你是怎么想到这个办法的？

凯　西　我不知道。我只是有一天开始说那句话，然后这就帮助了我。

（振奋式引导）

咨询师　对，那是多么神奇啊。想一想：你竟然可以想到那个办法。

凯　西　我是自己想到那个办法的。

咨询师　你自己想到的！你没有在看奥普拉脱口秀这个电视节目？

凯　西　没有。就是我自己。

咨询师　你靠自己就想到那个办法了。你一定非常聪明。

凯　西　我记得当我开始那样说的时候，我想，那是在去年，然后它就这样发生了。我那时候很无聊，没事可做。没有卡通或任何节目，然后我就开始说："做个好人，做个好人，不要去厨房点燃任何东西。就只要乖乖待着。"

咨询师　非常棒！所以你有个工具。只要这样告诉自己，你就可以让自己做个好人。以提醒你自己："做个好人，做个好人。"

凯　西　对，说25次或50次。

（成功事例／问题的例外）

咨询师　那太厉害了！请你再告诉我一些其他时候，是你成功地让这个奇迹发生的时候？

凯　西　我曾经说："'不要做错事'，因为你知道，你可能因此就会被请客一次。"而我喜欢被请客。我喜欢去外面用餐。我就也说了那句话好多好多次。

咨询师　所以你对自己说："不要暴躁，要友好。"

凯　西　对，不要暴躁，要友好。

咨询师　然后，这样做也发挥了效用，因为接着你就被请客了。

凯　西　对。多数时候，我就只是说："要友好，不要伤害别人。"

（振奋式引导）

咨询师　要友好，不要伤害别人。哇，我真是印象深刻。所以当你能做到的时候，对你来说是有帮助的。那这对你跟人打招呼、用名字来叫你的朋友们，以及让你停止欺负他们，也有帮助吗？就是你对自己那样说，对于让你去做那些事情也有效果吗？

凯　西　对，有时候我会友好地对我们班一个很暴躁的家伙。

（循环关系问句）

咨询师　所以，如果你对他友好，什么事情会发生呢？

凯　西　　他就会对我友好。

咨询师　　所以是可以由你这边开始带动这件事的？

凯　西　　对。

（评量）

咨询师　　另外要问你的一个问题是：如果我们有一个0到10分的量尺，0是指这个奇迹从来没有发生过，是你会一直打架和欺负别人，你对这件事情一点控制力都没有，这是0分。而10分，则是你总是能够很友好。你觉得你目前是在什么位置上呢？

凯　西　　我觉得我是在5分。

（振奋式引导与细节化）

咨询师　　那很令人佩服呢。你是怎么让自己到达5分的呢？

凯　西　　我以前总是很暴躁，一直到去年，我开始在脑中对自己说那些话啊。

咨询师　　所以你说的是："要友好，不要伤害任何人。"

凯　西　　对。然后，有时候我还是会失控，有时候就不会了。

（心灵地图）

咨询师　　有时候你会失控。但是，告诉我，哪些时候，是你快要失控，但却没有失控的时候。

凯　西　　有一次我想要做某件事情，而我妈不准，然后我差点要偷溜出去，但后来却没有。

咨询师　　等一下——你没有偷溜！

凯　　西　　对。我已经走出去了喔,准备要穿过巷子、穿过后门。然后,我就转身、脱下夹克,走回屋里。

咨询师　　你没有偷溜?

凯　　西　　对,我本来准备要做却没有做。

咨询师　　所以平常你会溜出门?

凯　　西　　对。当妈妈必须去店里,说她会离开两个小时的时候,我就会偷溜。我会去公用电话那里打电话,那会花我5分钟左右的时间;然后,回家会花我大约30分钟的时间。我就这样浪费了时间。

（心灵地图）

咨询师　　那一次,你是怎么做到的?你是怎么决定不偷溜出去的?

凯　　西　　就折回来,脱掉夹克,走回屋里,冷静下来。

咨询师　　我知道那是你做的事情,但是,你必须做出一个决定,让你可以那样做,不是吗?

凯　　西　　喔,对。我只是想说我可能会惹上麻烦。因为有时候我妈妈说她两小时后会回来,其实是她希望看我有没有偷溜,她就会骗我,因为她不希望我去别的地方。然后,她就会提早回家说:"凯西在哪里?他不应该在我不在的时候跑出去啊!"

咨询师　　喔,我懂了。所以,换句话说,你决定了你不想要惹上麻烦?那对你来说是和平常不同的做法,不是吗?

凯　　西　　对。我只有五次是这样做的。

咨询师　　噢,那有很多次!很多次。因为你不想要惹上麻烦。

凯　　西　　对。

(*振奋式引导*)

咨询师　你知道吗,这些还告诉了我某些关于你的事情。例如,那让我知道你尊重你的妈妈和你自己。

凯　西　对。有时候,我会在她告诉我不要偷溜出去的时候溜出去。

咨询师　但是那五次是不一样的,因为你能够决定自己要听话,要显示出尊重,要显示你足够在乎自己,不要让自己惹上麻烦。那说明了当你想要的时候,你是可以做到的。你这次是怎么做到、怎么让它发生的呢?

凯　西　我不知道。好像是为了某种理由,我就那样做了,就像是个奇迹。通常我偷溜出去的时候,是在她告诉我不要偷溜出去,但她因为忘了带卡片或什么东西提早回来的时候。然后,我回家的时候她早就在家里……哎呀!那我就有麻烦了。

(*"接受拥有权"的介入方法*)

咨询师　对,不过,你之前也有想过这些想法,不是吗?然后你还是跑出去,不是吗?

凯　西　对。

咨询师　所以,情况一定不一样了啊。

凯　西　我只是懒得再惹上麻烦了。

咨询师　所以,在你仔细思考之后……

凯　西　对,就是,当我在她出门前有好好想过的那些时候。我会在她出门前,坐在前廊思考:"我想惹上麻烦,还是我不想有麻烦呢?"然后我决定我不想惹上麻烦,我就会脱下外衣、站起来、走回屋里并挂上夹克。

咨询师　你在思考后果。思考："如果我这样做,我知道后果会是什么——我会让自己惹上麻烦,而且那是不值得的。"

凯　西　对。

（心灵地图）

咨询师　你是怎么让自己能思考后果的呢?

凯　西　我就是这样做了。

（细节化）

咨询师　对,但你知道吗,你说的事情让我知道,有些时候你没有那样做,但是有些时候你是那样做的,所以,是有差异存在的。而真正重要的事情是,如果你知道那个差异是什么,你就可以再一次去做它。

凯　西　然后再一次、又再一次、又再一次!

咨询师　看到那会有多么重要了吗?所以,你是怎么做到的呢?你是怎么让自己在做之前,先想一想的呢?

凯　西　我就只是开始想这件事,想想当我惹上麻烦的时候是什么样子。而且如果我那样做,我会被惩罚。有时候,当我无聊的时候,我并不想让自己惹上麻烦,因为那样,隔天情况会变得一团糟——我朋友提早回来,喔不,我还被困在家里!

咨询师　所以你也不想让你的朋友们失望?

凯　西　对。

咨询师　还有你自己?

凯　西　对,还有我妈妈。

咨询师　所以你不想让你自己、你的朋友们还有你妈妈失望。

凯　西　对。我也不想让我爸爸失望。当我做那些事情的时候,我感觉很好。

(提升量尺分数的介入方法)

咨询师　太棒了。那么当你在6分时,那时的你会是在做什么事情呢? 你现在是在5分。

凯　西　很努力。努力做个好人。

(心灵地图)

咨询师　那么,你会怎么让自己更好呢? 你需要做些什么事情呢?

凯　西　继续说:"不要做这件事,如果你做了,你将会惹上麻烦。"

咨询师　思考后果?

凯　西　对。

(标示地雷区)

咨询师　如果有一个你的哥儿们、你的一个朋友开始对你很粗暴,但是,因为你有这些想法而知道如何表现友好,所以,在那种情况下,会发生什么事呢? 你会怎么让自己保持友好呢?

凯　西　不在他们旁边晃。

咨询师　不在他们旁边晃?

凯　西　就不在他们旁边晃,直到他们改变。

咨询师　那会有效吗?

凯　西　会。

（结束当次会谈之陈述）

咨询师　凯西，你知道，我真的对你在这里告诉我的所有事情感到印象很深刻。你真的知道什么事情对你是有帮助的。当你想要为自己负责的时候，你拥有一些很棒的控制力。在那方面你真的很棒。我接下来要用几分钟整理我的思绪，让我可以写一则笔记给你。在这之前，还有没有任何事情是你需要让我知道的呢？

凯　西　据我所知是没有了。

作为此练习活动的一部分，现在请你写一则讯息给凯西，并将你所写的笔记与我写给凯西的笔记做比较。

给凯西的讯息

赞美

我非常惊讶，你对于必须做什么来避免暴躁待人和打架的行为，是这么了解。你用名字来称呼你的哥儿们、和他们说话而非欺负他们，以及跟他们一起玩，这都能有效地让情况保持和平。

你也了解，如果你早晨自己起床、醒来后向家里的每个人打招呼、帮妈妈煮晚餐、像对待朋友那样对待家人的话，你会变得更快乐。如果你做这些事情，你想他们也会通过对你更友好来回报你。

我真的对于你在心里告诉自己："要友好，不要伤害任何人"25到50次来避免麻烦的这个能力，感到印象很深刻。对于做出会让你惹上麻烦的事情的后果，像是偷溜出家门，你思考的能力已经显示了你懂得尊重你自己、你的母亲、父亲以及你的朋友，并且说明了你并不想让他们失望。

桥梁陈述

由于你渴望改善你和朋友、家人的关系,我希望你……

任务

多多注意那些时候:当你在做对家人和朋友们友好的事情,而让你移动到 6 分的时刻。

请注意:上述讯息中加入"赞美""桥梁陈述"与"任务"这几个词是基于教学的目的。在凯西实际收到的讯息内容里,是没有包含这几个词的。

附录 C

焦点解决意象引导

"焦点解决意象引导"采用意象引导技术,导引参与者体验含有 13 个步骤的焦点解决"旅程",来和重复发生的问题进行对话。这 13 个步骤中,大部分步骤都需要可视化的反应。其中,有三个步骤会使用评量技术。还有一个步骤,需要参与者写一则简短的讯息给自己,这些信息是将他们在活动中的发现和收获进行归纳和摘要。

焦点解决意象引导的指导语

参与本活动者,每人需要一本 13 页的小册子,然后在这活动过程中,记下自己对于每一个步骤的反应。这本册子约为 A4 纸的一半大小,每页上方都印有一个步骤的指导语,下方则留有书写的空间。你可以直接复印或放大印出本附录所呈现的焦点解决意象引导的各页指导说明,制成活动的小册子。

活动开始时,请先将下面的"活动概述"读一遍,接着再一步步地完成这 13 个步骤。对于需要可视化的几个步骤,请先念出指导语的第一部分,让参与者了解他们要在心中描绘的图像为何,接着让参与者停留约一分钟,进行该步骤所要求的可视化内容。之后,再请参与者将心中想到的内容,写在该页下方的空白处。此外,请参与者写完时抬头看前方,表示自己已经完成。这 13 个步骤的顺序如下:

1. 评量
2. 目标设定
3. 奇迹问句
4. "还有呢"问句
5. 循环关系问句
6. 反向循环关系问句
7. 成功事例
8. 细节化
9. 振奋式引导
10. 评量
11. 提升评量分数的方法
12. 讯息
13. 评量

在此活动完成后,你可以催化参与者以团体的形式分享他们从这个练习所获得的收获;也可以征求自愿者分享他在第 12 步骤所写的心得,讨论其分数是如何产生变化的,以及,为了更进一步改善,他们会继续做的事情是什么。需注意,参与者在第 1 步骤所打的分数,可作为自陈式的前测;而第 13 步骤所打的分数,则作为自陈式的后测。

活动概述

在每位参与者都拿到小册子并确认已准备好要开始时,请读以下内容,好让参与者大致了解整个活动的情况。

在这个活动中,我们将通过一个程序,来帮助你处理一个在生活中重复发生、而你愿意处理的问题。所谓的问题,可以是你希望自己停止继续做的事情,或是,你希望自己能做到一些现在没有在做的事情。在这个活动过程中,你会获得指示,引导着你一步一步地前进。

你手中拿到的小册子,每页都有这个活动的一个特定步骤的指导语,每页下方也留有空白的空间,让你写下你的反应与想法。在这活动中大部分的步骤里,我会请你闭上眼睛,根据我描述的情境,请你想象和你有关的图像,让这些图像与情境在你心中渐渐清晰,这些图像在你的大脑中就像是在放电影一样,是有情境的、是动态化的。之后,我会给你一些时间写下你的反应。当你写完对这个步骤的反应时,请你抬头向前看,这样我就可以知道何时可以再念下一个步骤的指导语了。

在我们开始之前,容我提醒一下,当我请你确认一些特定的事情或者你会做的行动时,你需要用可以观察的、有具体细节的行为来回应,这是很重要的原则。举例来说,不要只是说"我会很友善",你需要很具体地描述,你会展现什么行为来显示你是很友善的,比方说"我会微笑,说你好,和别人握手。"描述你会做什么行动,就像你看到自己正在一场电影里面演出一样。请记得,当你写完对这个步骤的反应时,请你抬头向前看。

步骤一

请闭上眼睛,想象一个在你生活中重复发生的问题,如刚刚讲的,这个问题可以是你希望自己停止继续做的事,或是希望自己能做到的一些事情。你希望你能克服这个问题,或者能更有效地应对自己这个挑战。

在一个有 0 到 10 分的量尺上,0 分代表这个问题最为严重糟糕的时候,而 10 分代表这问题完全消失的时候。你现在在几分的位置呢?请在这一页的量尺上,将代表你目前的分数圈起来。

我的分数是(请圈选一个):

问题最糟时   问题消失时

0   1   2   3   4   5   6   7   8   9   10

步骤二

请闭上眼睛。**如果你的问题是关于，你希望自己停止继续做某一件事**，那么请想象一下，当你停止时，你会做什么事情取而代之；**如果你的问题是关于你希望自己能做到的一些事**，那么请想象一下，当你在做的时候，你会观察到自己在做什么具体的行为。不管是哪一种，请将你所想的内容视觉图像化，就好像看到你自己在影片里演出一样。请记得，要专注想象你"会做"的行为（而不是你不会做的事情）。

当你在心里有了你会做的行为图像后，请在这页下方空白处，写下你对行为图像的描述。请记得，所写的描述内容是你"会做"的行为，而不是你不会做的。

步骤三

请继续闭上眼睛,想象今天晚上你睡觉时,有一个奇迹发生了,而这个奇迹解决了你的问题。但是,由于你睡着了,你并不知道奇迹已经发生了。当你醒来时,你会注意到的第一个向你显示奇迹已经发生了的小信号是什么?你会注意到自己在做着什么不一样的行为?请建构一个奇迹发生后的心理图像,图像中包含了你会执行的特定行为。

请在下列空白处简要描述这个心理图像,指出你会去做的不一样的行为。

步骤四

请继续闭上眼睛,在心里继续想象,当奇迹发生后,你还会注意到自己有什么不一样的行为、想法或语言表达。

请简要写下你还会注意到的自己的不同。

_____
_____
_____
_____
_____
_____
_____
_____
_____
_____
_____
_____
_____
_____
_____
_____
_____
_____

步骤五

请继续闭上眼睛,想象一下,谁会注意到你出现了这些不一样的行为;以及请你想象,当注意到你这个行为上的改变时,他们会有什么反应。

请在下列空白处,描述你所想象到的他们会有的反应。

步骤六

请继续闭上眼睛,想象一下,对于上个步骤中提到的人对你新行为的反应,你又会接着做什么来响应。

请在下列空白处,描述你所想象到的,你会对他们的响应。

步骤七

请继续闭上眼睛,在心中想象一段时间,在这段时间里,虽然你生活中有这个问题,但也发生了奇迹的一小部分,即使只发生了一点点。

请写下你所想到的内容。

步骤八

请继续闭上眼睛,在心里想象,你是如何能在问题仍存在的时候,还能使这一些些的部分奇迹发生的。有可能是因为你的思考或行动有不同之处。

请写下你想到,你为了使部分奇迹发生所做的思考与行动。

_____
_____
_____
_____
_____
_____
_____
_____
_____
_____
_____
_____
_____
_____
_____
_____

步骤九

请继续闭上眼睛,想想现在的你对于那时候自己的努力,会有多么高兴。

请在下列空白处,写下你对于自己那样努力而能让部分奇迹发生,你的想法是什么。

步骤十

在一个有 0 到 10 分的量尺上，0 分代表这个问题最为严重糟糕的时候，而 10 分代表这个问题全部消失的时候。你现在在几分的位置呢？

我的分数是（请圈选一个）：

问题最糟时　　　　　　　　　　　　　　　　　问题消失时
0　1　2　3　4　5　6　7　8　9　10

你做了什么事情，让自己能达到这个分数？请在下列空白处，描述你帮助自己到达这个分数所做的具体行为或想法。

_____
_____
_____
_____
_____
_____
_____
_____
_____

步骤十一

请继续闭上眼睛,在心里想象:当你在量尺上走到了一个更高的数字,你做的什么特定的事情,是现在所没有做的呢?

请在下列空白处,具体描述你所想象到的特定、可观察的行为。

步骤十二

请为自己写下一段心得,是关于你对自己或情况的新发现的,或再次被提醒之处。以下空白处若不够写的话,可以翻到背面继续写。

步骤十三

在一个有 0 到 10 分的量尺上,0 分代表这个问题最为严重糟糕的时候,而 10 分代表这个问题全部消失的时候。你现在在几分的位置呢？请在这一页的量尺上,将代表你目前的分数圈起来。

我的分数是（请圈选一个）：

问题最糟时 　　　　　　　　　　　　　　　　问题消失时
0　　1　　2　　3　　4　　5　　6　　7　　8　　9　　10

参考文献

Altarriba, J., & Bauer, L. M.（1998）. Counseling the Hispanic client: Cuban Americans, Mexican Americans, and Puerto Ricans. *Journal of Counseling and Development*, 76（4）, 389–395.

American School Counselors Association.（2012）. *The ASCA national model: A framework for school counseling programs*（3rd ed.）. Alexandria, VA: Author.

Aviles, R. M. D., Guerrero, M. P., Horwarth, H. B., & Thomas, G.（1999）. Perceptions of Chicano/Latino students who have dropped out of school. *Journal of Counseling and Development*, 77（4）, 465–473.

Berg, I. K.（1994）. *Family based services: A solution-focused approach*. New York: Norton.

Berg, I., & Miller, S.（1992）. *Working with the problem drinker*. New York: Norton.

Berg, I. K., & Steiner, T.（2003）. *Children's solution work*. New York: Norton.

Biafora, F. A. Jr., Taylor, D. L., Warheit, G. J., Zimmerman, R. S., & Vega, W. A. (1993). Cultural mistrust and racial awareness among ethnically diverse black adolescent boys. *Journal of Black Psychology*, 19, 266–281.

Blackwell, A. (1997). Create-a-puppet. In H. Kaduson & C. Schaefer (Eds.), *101 favorite play therapy techniques* (pp. 194–198). Northvale, NJ: Jason Aronson.

Bruce, M. A. (1995). Brief counseling: An effective model for change. *The School Counselor*, 42 (5), 353–364.

Campbell, P. R. (1994). Population projections for states, by age, race, sex, and Hispanic origin: 1993 to 2020. *Current Population Reports*, Series P25–111. Washington, DC: U.S. Bureau of the Census.

Corcoran, J. (2006). A comparison group study of solution-focused therapy versus "treatment as usual" for behavior problems in children. *Journal of Social Science Research*, 30, 69–81.

Cook, J. B., & Kaffenberger, C. J. (2003). Solution shop: A solution-focused counseling and study skills program for middle school. *Professional School Counseling*, 5, 116–124.

DeJong, P., & Berg, I. K. (1998). *Learner's workbook for interviewing for solutions*. Pacific Grove, CA: Brooks/Cole.

de Shazer, S. (1985). *Keys to solution in brief therapy*. New York: Norton.

de Shazer, S. (1987, September/October). Minimal elegance. *The Family Therapy Networker*, 11 (8), 57–60.

de Shazer, S.（1988）. *Clues: Investigating solutions in brief therapy*. New York: Norton.

de Shazer, S.（1990）. *How to establish well-formed goals in solution-focused brief therapy*（The Solution-Focused Brief Therapy Audiotape Series）. Milwaukee, WI: Brief Family Therapy Center, P. O. Box 13736.

de Shazer, S., & Molnar, A.（1964）. Four useful interventions in brief family therapy. *Journal of Marital and Family Therapy*, 10（3）, 297–304.

Franklin, C., Biever, J., Moore, K., Clemons, D., & Scarmado, M.（2001）. The effectiveness of solution focused therapy with children in a school setting. *Research on Social Work Practice*, 411–433.

Franklin, C., Moore, K., & Hopson, L.（2008）. Effectiveness of solution-focused brief therapy in a school setting. *Children & Schools*, 30（1）,15–26.

Guterman, J. T.（2013）. *Mastering the art of solution-focused counseling*（2nd ed.）. Alexandria, VA: American Counseling Association.

Guterman, J. T.（2006）. *Mastering the art of solution-focused counseling*. Alexandria, VA: American Counseling Association.

Hatch, T.（2013）. *The use of data in school counseling*: Hatching *results for students, programs, and the profession*. Thousand Oaks, CA: Corwin.

Holcomb-McCoy, C. C.（2001）. Exploring the self-perceived multicultural counseling competence of elementary school counselors.

Professional School Counseling, 4（3）, 195–201.

Hosford, R. I., Moss, C. S., & Morrell, G.（1976）. The self-as-a-model technique: Helping prison inmates change. In J. D. Krumboltz &C. I. Thoreson（Eds.）, *Counseling methods*（pp. 487–495）. New York: Holt, Rinehart & Winston.

Kelly, M. S., Kim, J. S., & Franklin, C.（2008）. *Solution-focused brief therapy in schools: A 360-degree view of research and practice.* New York: Oxford University Press.

Kim, J. S.（2008）. Examining the effectiveness of solution-focused brief therapy: A meta-analysis. *Research on Social Work Practice*, 18, 107–116.

Kim, J. S., & Franklin, C.（2009）. Solution-focused brief therapy in schools: A review of the outcome literature. *Children and Youth Services Review*, 31（4）, 464–470.

Kral, R.（1994）. *Solution-focused methods for school problems*（A Brief Family Therapy Audiotape）. Milwaukee, WI: Brief Family Therapy Center, P. O. Box 13736.

LaFountain, R. M., Garner, N. E., & Eliason, G. T.（1996）. Solution-focused counseling groups: A key for school counselors. *The School Counselor*, 43（4）, 256–267.

Littrell, J. M., Malia, J. A., & Vanderwood, M.（1995）. Single-session brief counseling in a high school. *Journal of Counseling and Development*, 73, 451–458.

McBrayer, M. H., & Chibbaro, J. S.（2012）. Integrating sand tray and solution-focused brief counseling as a model for working with middle school students. *Georgia School Counseling Association Journal*, 19（1）, 124–132.

Metcalf, L.（1995）. *Counseling toward solutions*. Englewood Cliffs, NJ: Center for Applied Research in Education.

Metcalf, L.（2001）. The parent conference: An opportunity for requesting parental collaboration. *Canadian Journal of School Psychology*, 17（1）, 17–25.

Murphy, J.（1994）. Working with what works: A solution-focused approach to school behavior problems. *The School Counselor*, 42（1）, 59–65.

Newsome, W. S.（2004）. Solution-focused brief therapy groupwork with at-risk junior high school students: Enhancing the bottom line. *Research on Social Work Practice*, 14（5）, 338–343.

O'Hanlon, W. H., & Weiner-Davis, M.（1989）. *In search of solutions: A new direction in psychotherapy*. New York: Guilford.

Osborn, C. J.（1999）. Solution-focused strategies with "involuntary" clients: Practical applications for the school and clinical settings. *Journal of Humanistic Education and Development*, 37, 169–181.

Pelsma, D. M.（2000）. School counselors' use of solution-focused questioning to improve teacher work load. *Professional School Counseling*, 4（1）, 1–5.

Phelps, R. E., Taylor, J. D., & Gerard, P. A.（2001）. Cultural mistrust, ethnic identity, racial identity, and self-esteem among ethnically diverse black university students. *Journal of Counseling and Development*, 79（2）, 209–216.

Ratner, H., George, E., & Iveson, C. (2012). *Solution focused brief therapy: 100 key points and techniques*. London and New York: Routledge.

Robinson, T. L., & Ginter, E. J. (Eds.). (1999). Racism healing its effects. [Special Issue]. *Journal of Counseling and Development*, 77 (1).

Saadatzaade, R., & Khalili, S. (2012). Effects of solution-focused group counseling on student's self-regulation and academic achievement. *International Journal for Cross-Disciplinary Subjects in Education*, 3 (3), 780–787.

Selekman, M. D. (1997). *Solution-focused therapy with children: Harnessing family strengths for system change*. New York: Guilford.

Sklare, G. B. (2000). Solution-focused brief counseling strategies. In J. Carlson & L. Sperry (Eds.), *Brief therapy with individuals and couples* (pp. 437–468). Phoenix, AZ: Zeig, Tucker & Theisen.

Sklare, G. B., Sabella, R., & Petrosco, J. (2003). A preliminary study of the effects of group solution-focused guided imagery on reoccurring individual problems. *Journal for Specialist in Group Work*, 28(4), 371–381.

Starks, M. D., Frels, R. K., & Garza, Y. (2011). The use of sand tray in solution-focused supervision. *The Clinical Supervisor*, 30(2), 277–290.

Taylor, E. R. (2009). Sand tray and solution-focused therapy. *International Journal of Play Therapy*, 18, 56–58.

Thompson, R., & Littrell, J. M.（1998）. Brief counseling for students with learning disabilities. *Professional School Counseling*, 2（1）, 60–67.

Walter, J. L., & Peller, J. E.（1992）. *Becoming solution-focused in brief therapy*. New York: Brunner/Mazel.

Weiner-Davis, M., de Shazer, S., & Gingerich, W. J.（1987）. Using pretreatment change to construct a therapeutic solution: A clinical note. *Journal of Marital and Family Therapy*, 13（4）, 359–363.

Yalom, I.（1995）. *The theory and practice of group psychotherapy*. New York: Basic Books.

图书在版编目（CIP）数据

对话的力量：焦点解决取向在青少年辅导中的应用 /（美）杰拉尔德·B. 斯克拉尔著；许维素译 . —宁波：宁波出版社，2022.4（2025.9 重印）

ISBN 978-7-5526-4373-2

Ⅰ . ①对… Ⅱ . ①杰… ②许… Ⅲ . ①青少年—心理健康—健康教育 Ⅳ . ① G444

中国版本图书馆 CIP 数据核字（2021）第 186639 号

Chinese simplified translation from the English language edition:
Brief Counseling That Works: A Solution-Focused Therapy Approach for School Counselors and Other Mental Health Professionals
by Gerald B. Sklare
Copyright © 2014 Gerald B. Sklare
This work is published by Corwin Press, Inc. (wholly owned by SAGE Publications, Inc. in the United States)

本书简体中文版由 Corwin Press, Inc.（wholly owned by SAGE Publications, Inc. in the United States）授权宁波出版社独家翻译出版。未经宁波出版社书面许可，不得以任何方式复制或抄袭本书内容。
版权所有，侵权必究
图字：11-2021-195 号

对话的力量——焦点解决取向在青少年辅导中的应用
［美］ 杰拉尔德·B. 斯克拉尔　著
　　　许维素　译

出版发行	宁波出版社
	（宁波市甬江大道 1 号宁波书城 8 号楼 6 楼　315040）
责任编辑	陈　静
助理编辑	刘思雨
责任校对	陈　钰　秦梦嫄
装帧设计	郑力珲
印　　刷	宁波白云印刷有限公司
开　　本	710mm×1000mm　1/16
印　　张	17
字　　数	215 千
版次印次	2022 年 4 月第 1 版　2025 年 9 月第 4 次印刷
标准书号	ISBN 978-7-5526-4373-2
定　　价	65.00 元

如有缺页、印装等问题,请与出版社或印厂联系调换。
电话：0574-87248279（出版社）
　　　0574-87328764（印刷厂）

更多焦点解决图书

《焦点解决短期治疗培训手册》

[英] 阿拉斯代尔·J. 麦克唐纳 著

本书介绍了焦点解决短期治疗的要点和发展历史,同时提供了109个练习活动,供焦点解决短期治疗培训带领者自我学习、自我督导,并在实务工作中将相关关键技术灵活"用出来"。

《尊重与希望:焦点解决短期治疗》

许维素 著

焦点解决短期治疗亚洲地区代表人物之一许维素教授力作!融实操于焦点解决短期治疗的重要理论架构,是焦点解决短期治疗入门的必备手册。

《高效教师:焦点解决取向在学校教育中的应用》

[美] 琳达·梅特卡夫 著

中国科学院心理所心理健康促进中心诚挚推荐的高效能教师工作手册!以确实有效地聚焦解决问题的方法来帮助教师应对日益复杂的学校工作,提升职场满意感。

《建构解决之道:焦点解决短期治疗》 许维素 著

《发现儿童优势:焦点解决游戏治疗》 [美] 帕梅拉·K. 金 著

关注宁波出版社微信公众号
获取更多图书资讯

进入宁波出版社微店
购买更多焦点解决好书